ZHONGXIAO XUESHENG
BIBEI DE WAIGUO WENHUA
CHANGSHI

中小学生必备的
外国文化常识

本书编写组◎编

ZHONGXIAO XUESHENG
BIBEI CHANGSHI CONGSHU

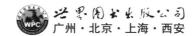

世界图书出版公司
广州·北京·上海·西安

图书在版编目（CIP）数据

中小学生必备的外国文化常识／《中小学生必备的
外国文化常识》编写组编. —广州：广东世界图书出版
公司，2010. 4（2024.2 重印）
　　ISBN 978－7－5100－2030－8

　　Ⅰ．①中…　Ⅱ．①中…　Ⅲ．①文化史－外国－青少年
读物　Ⅳ．①K103－49

　　中国版本图书馆 CIP 数据核字（2010）第 049979 号

书　　名	中小学生必备的外国文化常识
	ZHONG XIAO XUE SHENG BI BEI DE WAI GUO WEN HUA CHANG SHI
编　　者	《中小学生必备的外国文化常识》编写组
责任编辑	韩海霞
装帧设计	三棵树设计工作组
出版发行	世界图书出版有限公司　世界图书出版广东有限公司
地　　址	广州市海珠区新港西路大江冲 25 号
邮　　编	510300
电　　话	020-84452179
网　　址	http://www.gdst.com.cn
邮　　箱	wpc_gdst@163.com
经　　销	新华书店
印　　刷	唐山富达印务有限公司
开　　本	787mm×1092mm　1/16
印　　张	13
字　　数	160 千字
版　　次	2010 年 4 月第 1 版　2024 年 2 月第 9 次印刷
国际书号	ISBN　978-7-5100-2030-8
定　　价	49.80 元

　　人类创造的所有物质财富和精神财富的总和就是文化。它既是人类社会在过去时间内的发展进化成果，也是孕育人类辉煌未来的基础。正是文化的一脉相传和薪火承接，才造就了人类社会源远流长的历史和光辉灿烂的文明世界。因此，掌握必要的文化常识，不仅是完善个人素质的必经之路，更是推动社会进步的重要因素。

　　文化有着极其丰富的外延，一个国家或民族的历史、地理、风土人情、传统习俗、生活方式、文学艺术、行为规范、思维方式、价值观念等，莫不在文化之列。人类几千年的发展史，创造的文化自然是丰富多彩的，再加上各个地区、各个民族、各个国家的历史、风俗、价值观念、发展历程等等的极大不同，其文化更是百花齐放、丰富多彩，也正由于此，才造就了我们现在包罗万象的文化。

　　几乎没有一个人能够对文化做到面面俱到、事无巨细的了解。有时候即便是一个有深厚文化修养的人，所掌握的文化知识也不过是人类文化的一角冰山。这样说来，作为一个普通人所能接触和了解的文化知识更是有限，这也就可能造成一个又一个的文化盲区。然而，一个人的文化知识往往代表着其综合素质的高低。作为正处于增长知识阶段的中小学生，更应该大量地接触和了解各种文化知识，以成为一个有文化有修养的人。

　　外国文化对于中小学生来说是比较陌生的内容。很多中小学生对本国的文化有比较深入的了解，但一提到外国文化就哑口无言，甚至连一般的常识性知识也不知道。为了让中小学生摆脱这种困境，笔者通过细心遴选整理出《中小学生必备的外国文化常识》一书。

由于文化的范围十分广泛，本书在有限的空间内选取了那些最接近文化本质的内容，主要包括文学、美术、音乐、戏剧、影视、民俗和宗教。在这些方面笔者集中了那些青少年朋友最感兴趣、最有学习和探索欲望的外国文化常识，并以概括凝练的语言展示给青少年朋友。

本书又是一本浓缩世界文化知识精粹的必读手册，特别是在文学、美术、音乐、戏剧等方面将内容的重点放在世界著名的作品上，这也就在很大程度上使青少年朋友们更加了解该领域的最高成就，开阔他们的眼界。

目录

文学篇

文学是重要的文化形式，它可以带领人们进入一个肉眼看不到的世界。要真正了解文学需要大家去积极的研究文学的历史，我们在此为大家提供一些必备文学常识，大概包括一些文学形式、著名的作家、有影响的作品等等，借此加强青少年朋友的文学修养。

启蒙主义文学

启蒙主义文学都是在启蒙主义文艺思想和美学原则指导下创作出来的，其思想内容和艺术表现上都具有比较鲜明的特色。

启蒙主义文学的主要特征之一，就是正面地、直率地宣传作家们的主张和学说。启蒙主义文学的作家大都同时又是启蒙运动的思想家和社会活动家。他们把自己的文学创作作为宣传自己的思想和理论的有力工具。他们用文学创作直接图解自己的哲学思想、社会政治主张，甚至进行政治性论战。因而他们创造了各种新的艺术体裁，如政论性的哲理小说，道德政治剧和滑稽小品等。所以启蒙主义文学，一般来讲，都有较鲜明的纯理性色彩。

揭露和控诉封建制度的种种罪恶，特别是封建主的专横和教会的迫害，这是启蒙主义文学的又一显著特征。至 18 世纪，封建阶级的专横统治，教会贪得无厌的经济掠夺和对于人们精神的迫害，在欧洲一些主要国家，已经直接成为资本主义，特别是新兴工业资产阶级发展的最大障碍。因此，为资本主义进一步发展扫清道路，或为资产阶级争夺政治统治权而制造舆论的启蒙主义文学，必然把反封建、反教会作为自身的基本创作主题。所以启蒙文学强烈的政治倾向，乃是积极地和封建势力进行斗争，揭露他们的特权地位和道德堕落，对教会的黑暗和僧侣们的贪婪、荒淫进行辛辣的讽刺，为资产阶级反封建斗争和唤起人民从封建的、宗教的意识影响中解脱出来服务。这正是启蒙主义文学的革命性和民主性的体现。

启蒙主义文学的第三个特点是扩大了反映和描写的范围。不少启蒙文学家把第三等级人物作为主要描写对象，如菲尔丁笔下的约瑟夫·安德鲁斯、汤姆·琼斯，笛福笔下的鲁滨逊、摩尔·弗兰德斯，伏尔泰笔下的老实人，狄德罗笔下的夏克，卢梭笔下的圣·普乐以及歌德笔下的维特和浮士德等都是这类人物。通过这些人物，反映的不再是王公贵族的生活，而是描绘了普通人的活动与行为。特别是随着工商业的发展，资产阶级大搞海外贸易，开拓殖民地等活动，文学领域中也随之出现了像《鲁滨逊飘流记》一类作品，塑造了鲁滨逊这样类型的人物，为资产阶级社会人生活动树立了榜样。

启蒙主义文学的这些特征，从文学发展上看，它们是文艺复兴开始的资产阶级文学传统的继承和发展，在当时有推进封建制度瓦解和生产力发展的作用，为巩固新的资本主义制度，或为引导新制度早日诞生制造舆论；同时，就其对于现实的揭发和批判，启蒙主义文学又成为 18 世纪浪漫主义和批判现实主义文学的先驱。

感伤主义文学

感伤主义文学是产生于 18 世纪中叶的英国并发展到整个欧洲的一种文学派别。英国在工业革命以后，资产阶级统治得到了巩固，从而加速了资本主义的发展。同时，资本主义社会的矛盾也越来越明显地暴露出来了。资产阶级的中、下层深感社会上贫富悬殊，自己的生活和社会地位得不到保障，他们的启蒙主义的自由、平等、博爱理想化为泡影，感伤情绪也就由此而产生。感伤主义者把人的智能划分为理性和感情两个方面。他们觉得理性的权威在资产阶级巨大力量的冲击下已经动摇，因此，他们十分注意人们生活中的情感方面。这样，文学上的新思潮——感伤主义这个名词就应运而生。

18 世纪上半叶，英国作家撒缪尔·理查生的小说中已经出现了感伤因素，但是感伤主义代表作家是劳伦斯·斯泰恩。感伤主义就是以他的小说《感伤旅行》（1768）而得名的。

在英国，最初理查生的感伤主义小说，仅仅是批判贵族，对资产阶级家庭生活与虚伪的道德却加以美化，替资产阶级制度作辩护。但是，随着社会矛盾的日益加深，作家们看到了资本主义剥削的残酷，农民的赤贫化，于是感伤主义作家不仅抨击贵族，也抨击资本主义制度。同时他们对劳动人民的疾苦也表示同情，这表达了他们的资产阶级人道主义思想。

英国感伤主义文学分诗歌和小说两部分。代表诗人有：詹姆斯·汤姆生，代表作为《四季歌》；爱德华·杨格，代表作为《控诉或关于生死、永生的夜》；托马斯·葛雷，代表作为《墓畔哀吟》；奥立佛·哥尔斯密，代表作为《荒村》。代表小说家有理查生，其代表作有《帕米拉》、《克莱丽莎·哈娄》，斯泰恩，其代表作有《商第传》《感伤旅行》。

感伤主义文学的主要特点是夸大感情的作用，细致描写人物的心情和不幸遭遇，以引起读者的同情和共鸣。他们常常以生、死、黑夜和孤独为题材，作品格调悲哀，语言灰暗。他们还用幽默来描写人类的弱点。感伤主义作家最喜欢使用的文学体裁是哀歌、旅行记和书信体小说。

感伤主义流传到法国、德国和俄国，因为地点、时间、社会背景发展情况的不同而表现出非常复杂的情况。法国并未产生真正的感伤主义文学流派，但有些作家的作品具有很浓的感伤色彩，如雅克·卢梭的《新爱洛绮斯》。德国狂飚突进运动作家中有些人也受了理查生、斯泰恩、卢梭等人的影响，他们的作品也带有很浓的感伤主义成分。而俄国则一度出现了感伤主义流派，代表作家是卡拉姆辛。

18 世纪末 19 世纪初，感伤主义文学渐渐被浪漫主义文学所代替。

浪漫主义文学

浪漫主义很早就已经出现，但作为一种自觉的创作方法，并且形成一个文学潮流确实在欧洲 18 世纪末 19 世纪最初几十年的事情。它是欧美文学史上的一个重要阶段，有极其鲜明的特征。

第一，重理想的表达，有强烈的抒情色彩。浪漫主义文学是面对英国工业革命悲惨的后果和法国革命后出现的令人失望的现实而繁荣起来的，所以浪漫主义文学都特别重视对于自己的理想的描绘，并把它和现实对立起来，以表达对于现实的不满和反抗。由于在描绘理想的过程中，必须从作者的内心感受出发，抒发出自身强烈的主观愿望，所以感情色彩特别浓烈。又由于作家们的社会处境和各自的出身、经历不同，所以所表达的理想也有很大的差别。有的美化中世纪宗法制生活和基督教道德，借以逃避现实，沉溺在幻想和感伤之中；有的则向往一个没有剥削与压迫的社会，用假想的逻辑、幻想的环境、虚构的情节、夸张的手法描写非凡的事件、塑造非凡的人物，来表达理想，其内在思想和当时的民主主义或空想社会主义思潮紧密地联系起来。

第二，崇尚自然，描绘极其美好的自然风光，也是浪漫主义文学的一大特征。不过，有的作家是把自己描绘的清新明艳的山川景色，作为逃避现实的精神慰藉和藏身之所，或者把它作为玄妙迷离的幻想的写真，从中获得神秘的启迪。另一些作家则把鲜明美好的自然景物和贯穿整个作品的主题思想、人物性格紧密地联系在一起，或者用来烘托美好的理想，或者被利用来与社会的丑恶相对照，作为谴责现实的一种手段。

第三，重视民间文学。这是和浪漫主义作家反对古典主义文学内容的狭隘性、贵族化，艺术上愈来愈形式主义化的斗争分不开的。民间文学中丰富的想象，真挚的感情，形式的自由、语言的生动，曾作为丰富的营养抚育过浪漫主义文学。但是，有些作家对民间文学的兴趣却是和他们要求"回到中世纪"的愿望联系在一起的，所以他们对民间文学中那些带有浓厚封建色彩的东西加以美化，借以颂扬封建宗法制度和宗教迷信。另外一些作家向往民间、重视民间创作，从中吸收思想和艺术的养料，使自己的创作能够更好地为民族、民主的斗争服务。

第四，主张创作自由，崇尚天才创造，提倡想象、对比，反对古典主义的种种清规戒律和因袭传统的不良倾向。但有些作家所要求的自由实质上是否定文学的社会功能，为"为艺术而艺术"的理论制造舆论；而另一些作家则是为更广泛更深刻地反映现实，提出"天地之间，无一不可入艺术"的主张。

骑士文学

骑士文学是在西欧中世纪随着骑士制度的形成而出现的一种封建世俗文学。它反映了骑士阶层的生活习俗和思想感情，贯穿着封建意识与基督教精神。它的主要目的是为了维护封建贵族领主的阶级利益。但其中有些东西诸如热爱民族、保卫祖国、济贫扶危、锄强扶弱、保护妇女、尊敬老人等，都符合人民的愿望与要求，有一定的积极意义。

中世纪欧洲的骑士文学，以法国最为兴盛。其中又分骑士抒情诗和骑士叙事诗两种。

约12世纪时，在法国南部的普罗旺斯流行着一种骑士抒情诗。这些诗，最初由行吟歌者游唱于宫廷集会之间，用弦琴和曼多玲伴奏，其主要内容是歌唱骑士的英勇事迹，及其与贵妇人之间的爱情。后来，这种游唱逐渐扩大到领主、贵妇和骑士本身，流行的地域也由南方推广到北方，由法国波及到欧洲其他各国。普罗旺斯抒情诗具有多种多样的形式，细腻复杂的技巧，精炼优美的语言，其中尤以"黎明曲"最为著名。这些诗深为马克思和恩格斯所赏识，他们认为普罗旺斯抒情诗的语言在全欧洲已经达到了"可珍贵的发展"水平，"它的诗艺也是各拉丁语民族望尘莫及的楷模。"

骑士叙事诗，主要写骑士忠君、护教、冒险、行侠的故事。这些故事大都具有脱离现实的幻想成分。就其题材来源而言，又分为古代系、不列颠系、法兰西系和拜占庭系四类。英国的亚瑟王及其圆桌骑士的故事、法国的《郎斯洛》、德国的《特里斯坦》等，都堪称骑士叙情诗的上乘之作。这些作品中的浪漫主义因素，在后世欧洲作家的创作中得到了继承与发展。其曲折丰富的情节和细致的心理描写，也为近代欧洲长篇小说的发展奠定了基础。这些作品中对骑士与贵妇人忠贞爱情的歌颂，实际上是对封建道德和教会禁欲主义的否定。然而，其中着重描述的大都是个人的爱情与复仇、个人的功绩与荣誉以及个人与环境的冲突。这种偏个人的创作思想，也对后世欧洲资产阶级作家产生了一定的影响。

巴黎公社文学

1871年3月18日诞生的巴黎公社是工人阶级和劳动人民用鲜血和生命铸造的第一个红色政权。这一伟大事业在文学上得到了深刻的反映，这就是巴黎公社文学。它为世界文学开拓了一个崭新的天地，把世界无产阶级文学推进到一个新的发展阶段。

巴黎公社文学是在抗击普鲁士入侵，反对资产阶级"国防政府"、创建工人阶级政权的生死搏斗中诞生的。它是巴黎公社革命的产物。它以无产阶级与资产阶级的斗争为题材，表现了革命斗争的主题，塑造了无产阶级的英雄形象，歌颂了无产阶级的革命理想。

巴黎公社文学的历史一般从1870年普法战争爆发开始，到80年代末期为止，前后约为20年。它的许多作品是在战壕和街垒的枪林弹雨中诞生的，或者是在艰苦的监狱和流放生活中创作出来的。这些作品，有的在报刊上发表，更多的则是传单散发，或在街头、俱乐部朗诵。有的还谱成歌曲广为传唱。它的作者大多为巴黎公社的领导者和战士，最著名的有欧仁·鲍狄埃、儒勒·瓦莱斯、路易斯·米雪尔、让·巴底斯特·葛莱蒙、列昂·克拉代尔等。

巴黎公社文学的形式是多样的，有小说、戏剧、散文、诗歌、政论、日记、回忆录等。其中最突出的是诗歌，它的成就较高，数量也较多，是公社文学百花园中一丛鲜艳的花卉，它自身又呈现出百花争艳的盛况，有叙事诗、抒情诗、讽刺诗、颂诗、十四行诗、诗体戏剧和许多专为配合传统曲调和民间曲调而写的歌词。在公社文学中，诗歌之所以特别繁荣，一是由于紧张的战斗环境迫切需要轻便的文学形式及时地反映人民的战斗生活；二是由于诗歌最便于表达人们在战斗中的沸腾的热情和激越的思想；三是便于流传，发挥战斗作用。

古希腊神话

古希腊人由于生产力水平低下，知识不足，对于自然灾害和自然现象难以理解，因此借助想象对其作出各式各样的解释，认为大自然的一切现象，都是由神力在操纵，是神的意志的结果。同时，人们将社会生活也融入了对神的想象，把氏族、家庭和人的喜怒哀乐都融合到神的形象之中，幻想天上的神也和世间的人一样，有氏族和家庭，有七情六欲等等。由此就产生了形形色色的神话故事。

希腊神话是古希腊人最早的意识形态，它反映出原始社会的人们对世界的认识。在世界各民族的神话中，希腊神话发展得特别完美，具有自己的鲜明特色。

首先，正如马克思所说：古希腊人是"正常的儿童"，古代希腊是"人性展开得最美好的社会幼年时期"。希腊神话受宗教的染指较少，因而典型地表现出了人类童年时代的天真纯朴、活泼浪漫的特色，并充满着积极进取的乐观主义精神和战胜困难的坚定信心。希腊神话表现了人类在童年时期渴望征服自然、改造自然的顽强意志和美好理想，与建立在唯心主义基础上的中世纪基督教神话有本质的区别。

其次，古希腊神话具有人神同形同性的特点。古希腊神话中的神都具有人的性格、人的形象和人的七情六欲，也有人的喜怒哀乐与悲欢离合。它们也像人一样任性固执、贪图虚荣，不仅像人一样有吃喝穿睡的生理需要，而且和人一样有感情生活的需要，甚至还大谈恋爱。古希腊神话中的神也不是高不可攀的偶像，主宰人类命运的绝对力量。相反，有的人还跟神对抗、打仗，甚至把神杀得落荒而逃，有些神在品德上往往还不如人。这些特点，也充分显出古希腊神话的进步性和现实性。

再次，古希腊神话形象生动，意境优美，是原始人民从生活现实出发，通过美丽的幻想虚构出来的，在艺术手法上，既有浪漫主义的幻想夸张，又有现实主义的真实描写，像一幅幅反映古代劳动人民生活和斗争的色彩浓艳的风俗画，显示出丰姿多彩的艺术魅力。同时，希腊神话又是人民的集体创作，经过长期的流传和历代人民的补充丰富，集中了群众的智慧而后定型。因此，古希腊神话中的形象栩栩如生，呼之欲出；其意境瑰丽奇特，令人赞叹。

伊索的寓言集

《伊索寓言》，公元前 6 世纪希腊奴隶伊索所作，是世界上最早的寓言集。《伊索寓言》原书名为《埃索波斯故事集成》，是古希腊民间流传的讽喻故事，经后人加工，成为后来流传的《伊索寓言》。作者伊索，是弗里吉亚人，公元前 6 世纪的希腊寓言家。一个丑陋无比、智慧无穷的寓言大师。据希罗多德记载，他原是萨摩斯岛雅德蒙家的奴隶，因得罪当时的教会，被推下悬崖而死。

《伊索寓言》是古希腊文学的重要组成部分，尽管人们常常忽略它，然而它的价值并不亚于希腊神话、荷马史诗和悲剧。现存的《伊索寓言》，从作品来看，时间跨度大，各篇的倾向也不完全一样，可以看作是古希腊人在相当长的历史时期内的集体创作。里面的故事大多是古希腊、古罗马时代流传下来的，经后人汇集，统归在伊索名下。《伊索寓言》通过简短而精炼的小寓言故事来体现日常生活中那些不为我们察觉的真理。寓言主体以拟人化的动物、普通人以及神为主要表现对象，通过生动的小故事，或揭示早期人类生活状态，或隐喻抽象的道理，或暗示人类的种种秉性和品行，多维地凸显了古希腊民族本真的性格。作家、诗人、哲学家、平常百姓都能从中得到启发和乐趣。到几千年后的今天，伊索寓言已成为西方寓言文学的范本，也是世界上流传最广的经典作品之一。

在《伊索寓言》中社会低层人民的生活和思想感情得到了较突出的反映。如对富人贪婪自私的揭露；对恶人残忍

相貌奇丑的伊索

本性的鞭鞑；对劳动创造财富的肯定；对社会不平等的抨击；对懦弱、懒惰的讽刺；对勇敢斗争的赞美。还有许多寓言，教人如何处世，如何做好人，怎样辨别是非好坏，怎样变得聪明、智慧。伊索寓言是古希腊人生活和斗争的概况、提炼和总结，是古希腊人留给后人的一笔精神遗产。

《伊索寓言》曾对其后的欧洲寓言发展产生重大影响。公元1世纪的古罗马寓言作家费德鲁斯直接继承了伊索寓言传统，借用了《伊索寓言》中的许多故事，并称自己的寓言是"伊索式寓言"。公元2世纪的希腊寓言作家巴布里乌斯则更多地采用了伊索的寓言故事。这种传统为晚期古希腊罗马寓言创作所继承。文艺复兴以后，对伊索寓言抄稿的重新整理和印行极大地促进了欧洲寓言创作的发展，先后出现了不少出色的寓言作家，如法国的拉封丹、德国的莱辛、俄国的克雷洛夫等。

荷马史诗

荷马史诗包括《伊利亚特》、《奥德赛》两部作品，相传为古希腊的行吟盲诗人荷马（前9世纪～前8世纪）所作。

《伊利亚特》共24卷，15693行，主要叙述公元前12世纪左右特洛伊战争最后一年的故事。希腊英雄阿喀琉斯因自己心爱的女战俘为希腊联军统帅阿伽门农所夺，盛怒之下拒绝作战，希腊军因此受挫。后来因好友帕特洛克罗斯被特洛伊主将赫克托耳杀死，阿喀琉斯悲痛欲绝，立即请战上阵，终于杀死赫克托耳，并辱尸泄愤。

《奥德赛》共24卷，约12000行。内容是叙述特洛伊战争结束后，希腊英雄奥德修斯在海上漂流10年以及他家中纠纷的故事。史诗通过奥德修斯荒诞不经的种种遭遇，反映了经过幻想加工的

荷马头像

古代人类对自然力的斗争。

这两部史诗都是叙述英雄的业绩，故事情节彼此有连贯性，但各自又有其特点。《伊利亚特》是写战争本身，而《奥德赛》则主要写战争以后的家庭生活，从人物上说，前者多写男性，而后者则多写女性，故前者有阳刚之美，后者有阴柔之致；从风格上讲，《伊利亚特》悲壮雄伟，节奏急促，而《奥德赛》则瑰奇恬淡，节奏舒缓。两部作品从创作方法上看，都是以浪漫主义为基调的，但《奥德赛》的写实成份要多于《伊利亚特》。

《一千零一夜》

《一千零一夜》又名《天方夜谭》，是一个框架式结构的故事集，也是中古阿拉伯的民间文学总集。它具有浓郁东方情调，对世界文学发生很大影响，被誉为东方文学珍品。

相传古代印度与中国之间有一萨桑王国。国王鲁亚尔因痛恨王后与仆从有私，将其杀死，并存心对女子进行报复。他每天纳一少女，第二天早上杀掉再娶。国王的暴行使城中百姓惶恐不安，纷纷逃亡以致京城十室九空，凄惨荒凉。宰相女儿山鲁佐德熟知史籍，学识渊博，自愿嫁给国王，用每夜讲述故事的办法引起了国王的兴趣，免遭杀戮。如此讲了一千零一夜，终使国王感化，愿与她白头偕老。

《一千零一夜》的故事，大都曲折动人，丰富多彩，描绘了中古阿拉伯世界的社会制度、现实生活、宗教信仰和风土人情。它既反映统治阶级的罪恶，也歌颂劳动人民的智慧和反抗精神；既有对理想的爱情、幸福的赞美，也有对虚伪、欺骗、罪恶的鞭挞；它描绘了社会各阶层人物的生活及命运，也

《一千零一夜》手稿

反映了当时人民的思想和感情，可以说是一部阿拉伯社会生活的"百科全书"。

该书中的故事大都寄现实于浪漫的想象中，或将现实高度夸张，或把现实中不可能的事情显现出来，使故事神奇而不显得怪诞，既有吸引读者的魅力，又能加深对现实的理解。故事采用故事套故事的结构方式，把内容不相关联、但主题大致相同的故事串联起来，既具有宏伟壮丽的气势，又有鲜明的节奏感；既曲折多变，变幻莫测，又使人感到细水长流，连绵不绝。

故事讲述中经常采用鲜明的对比手法，如人物刻划的对比，仙界魔境的对比，甚至故事标题都用对比。故事语言通俗流畅，富于表现力。高尔基赞赏它为民间文学"最壮丽的一座纪念碑"，是世界文学宝库中灿烂的明珠。

《罗摩衍那》

《罗摩衍那》是印度古代两大史诗之一（另一部为《摩诃婆罗多》）。原为民间口头创作，在长期流传中屡经增润，相传由诗人蚁蛭编写定本。

该作品用梵文写成，意思是《罗摩传》。全书共七篇，约24000颂（一颂两行，一行16个音）。全书写的是罗摩与妻子悉多悲欢离合的故事。王子罗摩因受王妃嫉妒被放逐，妻子悉多被魔王劫掳，后得群猴帮助，夫妻团聚，恢复王位。

第一篇《童年篇》介绍成书经过和全书内容。第二篇《阿逾陀篇》主要讲十车王的宫廷斗争。第

蚁垤正在写《罗摩衍那》

11

三篇《森林篇》描绘罗摩三人在林中的生活。第四篇《猴国篇》主要讲罗摩与猴王结盟的故事。第五篇《美妙篇》是讲哈奴曼跳过大海以后来到楞伽城。第六篇《战斗篇》是全书最长的一篇，描绘罗摩率猴兵与魔兵搏斗的情景。第七篇《后篇》追述罗刹的来源和罗波那与哈奴曼的历史；讲述罗摩与悉多的第二次离合。全部史诗除了这一主干故事外，还插入了不少小故事、神话和传说。

《罗摩衍那》对印度文学影响很大，后有各种语言的仿作或翻译作品，1631 年前后，杜勒西达斯根据《罗摩衍那》改写的《罗摩事迹之湖》，成为印度教的福音书，具有极大影响。

《源氏物语》

日本女作家紫式部（978～1015）创作的长篇小说《源氏物语》，是日本古典文学的一部名著，也是世界文学史上的优秀之作。"物语"是一种具有民族特色的日本文学体裁，较著名的有《竹取物语》、《落洼物语》、《平家物语》等。

《源氏物语》共 50 卷，故事历四朝天皇。以皇子光源氏和他周围许多女性的悲欢离合的故事为主线，通过源氏的一生经历，反映了日本宫廷贵族的生活、思想及内部倾轧的情况，从特定的角度反映了当时的社会现实矛盾。光源氏原为桐壶天皇之子，世称光君，但其母亲因出身低微，虽受皇帝宠爱并有了儿子，却遭受其他嫔妃忌恨。皇子 3 岁时，其母亲悒郁而死，皇子也被迫降为臣子，赐姓源氏。光源氏成人后娶葵上为妻，但感情不合而移情于父皇的妃子藤壶，生下一子，即后来的冷泉天皇。父皇桐壶死

紫式部画像

后，藤壶悔恨痛苦，削发为尼。源氏在其父死后失势，被宰相赶出京城。但两年后冷泉帝即位，源氏政治上又中兴，回京辅佐冷泉天皇，昌盛绝顶，建造富丽堂皇的六条院，迎入以前有过关系的女人共享荣华，物质生活奢华，但精神世界空虚。他发现后妻与人私通，生下一个名义上的儿子；最为眷念的藤壶和紫上也先后死去，由此痛感人世的虚幻，遁入空门，八年后郁郁而死。

该小说通过光源氏一生沉浮和对女性的追逐，真实而生动地表现了平安贵族生活上的淫乱和政治上的腐败，形象地展示其必然灭亡的历史趋势。小说反映出作者的悒郁哀愁和悲观情调，以及佛教的宿命论思想。其行文温婉细腻、柔美纤巧，长于刻画人物心理，既给人一种宁静、平和、温柔的美，又以一种深刻而浓郁的悲剧气氛触动读者的心灵。小说气势宏伟、头绪繁多、错综复杂；然而，在每一贴中又围绕中心，重点突出，各自成一个相对独立而完整的故事。

《源氏物语绘卷》第 20 帖

《神曲》

但丁（1265～1321）意大利中世纪的著名诗人，著有赢得世界声誉的长篇叙事诗《神曲》。该作品一向有"中世纪史诗"之称。

《神曲》全诗分为三部：《地狱》、《炼狱》、《天堂》，采用梦幻形式叙述诗人在"人生旅程的中途"迷失正路后走出了森林，来到一座沐浴阳光的小山下，正要向山峰攀登时，突然遇到豹、狮、狼三只猛兽挡住去路。危急之时，古罗马诗人维吉尔受但丁年轻时恋人贝亚德之托前来相救，并引他游历了惩罚生前罪人的九级地狱和忏悔罪过、净化灵魂的七级净界。

然后在贝亚德的微笑和目光的吸引下神游九重天堂。

该长诗对幻游冥府的内容赋予了新的性质。诗中"地狱"和"净界"是当时意大利社会的缩影，而"黑暗的森林"又是尔虞我诈、争权夺利的佛罗伦萨的现实的象征。三只猛兽分别象征着强权、淫欲和贪婪等阻碍人们达到光明世界的邪恶势力。诗人的迷路，意味着人类的迷惘。诗人赞美人的才能和智慧，对古典文化推崇

《神曲》中的情节

备至：称亚里士多德是"哲学家的大师"，荷马是"诗人之王"，称维吉尔是"智慧的海洋"；称引导诗人游历天堂的贝亚德是"光明的使者"、"真、善、美的化身"。所有这些都鲜明地表现了诗人对中世纪教会的贪婪腐化、封建统治者的残暴专横的鞭挞，对古典文化精髓的推崇，暗示了文艺复兴时代人文主义的曙光。

《神曲》是一部具有强烈政治倾向的作品，其进步意义在于它运用充满各种矛盾、斗争和贪欲的现实生活为素材，借描写梦幻来表达诗人的政治、道德和宗教观。作品全面地反映了中世纪意大利广泛的社会生活和人们的精神面貌，表现了作者作为"新时代的最初一位诗人"的伟大功绩；同时，诗人生活的那个新旧交替时代的社会生活中的矛盾，在其作品中也有明显的反映，表明作者的确同时又是"中世纪最后的一位诗人"。

《十日谈》

欧洲文艺复兴时期出现了大量的文学作品。意大利著名人文主义者薄伽丘（1313～1375）的代表作《十日谈》，是用"不登大雅之堂的佛罗伦萨的方言"写的一部巨著，极大地冲击了封建教会阵营。

作品记叙在 1348 年，佛罗伦萨十个男女青年为逃避黑死病，在乡间一个别墅里避难，为消遣时间，每人每天讲一个故事，十天共讲了 100 个故事，故名《十日谈》。这部故事集的重大主题是反教会反僧侣。全书的第一个故事"歹徒升天"，说的是一个生前无恶不作的人，按基督教义，死后理应下地狱，但他却被教会看中奉为圣人，并为他落葬举行隆重的仪式，沿途唱着圣歌。后来，他的圣名越来越大，男女老少对他的敬仰与日俱增，每逢患难，都赶到教堂向他的神像祈求。一向愚弄人民的天主教会却被这一个作恶的无赖所愚弄。

薄伽丘

故事集还真诚地关心人的命运，热情地颂扬全面发展的人，肯定人的聪明才智和进取精神。作者从人文主义立场出发，提倡"人性的解放"，呼吁男女平等。它通过含蓄、寓讥讽于笑谑的艺术手法，塑造各种艺术形象，对宗教的蒙昧主义和禁欲主义的荒谬、虚伪，违反人道的面目进行了揭露，向天主教会的权威进行了公开的挑战。

《堂·吉诃德》

文艺复兴时期西班牙伟大作家塞万提斯（1547～1616）的长篇小说《堂·吉诃德》出版后受到世界各国的好评。从 1605 年至 20 世纪 40 年代，《堂·吉诃德》一书在世界各国共翻译出版 1000 多次，成为读者普遍喜爱的世界文学名著之一。

小说讲述的是主人公堂·吉诃德阅读当时流行的骑士小说入了迷。很想恢复过去的骑士制度和游侠生活，他决计走遍各地，打尽天下不平事，"解放一切受苦难的人"，"谋求公众福利"。于是他穿上纸糊的盔甲，拿出生锈的长矛，骑上瘦马，带着贫苦的桑丘·潘沙作为侍从。在一路上，他误把风车当作凶恶的巨人，把羊群当作交锋的军队，把猛狮当作决斗的对象，把理发师的铜盆当作魔法师的头盔，向前猛砍猛冲，闹了很多笑话。他前后经历三次冒险，弄得浑身是伤，最后病死家中。临死前他觉醒了，承认骑士小说"胡说八道，荒谬透顶"。

《堂·吉诃德》的思想意义大大地超越了塞万提斯的创作"宗旨"，即扫荡骑士文学。它广泛地反映了16、17世纪之交西班牙社会各阶层人物的生活，着力揭发封建贵族骄奢淫逸、残暴专横等现实情况。作者为饥寒交迫中的劳动群众鸣不平，并且展望没有人压迫人的世界。

小说主人公堂·吉诃德是世界文学中不朽的艺术典型，其性格矛盾复杂。一方面，他脱离实际、富于幻想、固执自信，妄想用过时的中世纪骑士单枪匹马打天下的方式救民于水火；另一方面，他纯真善良、热爱自由、

堂吉诃德幻想的画面

见义勇为、无私无畏，处处闪耀出人文主义思想的光辉。小说中另一重要人物桑丘·潘沙，是当时西班牙劳动农民的形象，他头脑清醒、心胸开朗、思想纯洁、聪明能干、忠于职守，虽也有一般小生产者的缺点，如狭隘自私、知足安分、轻信诺言等，但他就任海岛总督后，其缺点逐渐消失，表现出下层人民的智慧和才能，更体现了西班牙"黄金世纪"的民主精神。

《少年维特之烦恼》与《浮士德》

歌德（1749～1832）生于德国法兰克福市富裕的中产阶级家庭，从小受过良好的教育，并成为德国狂飙突进运动的主要人物。在他的生命历程中，跨越了两个世纪，其丰富多彩的著作，反映了欧洲的政治、经济、文

化的巨大变化和发展。他以自己杰出的作品，使自己成为 18 世纪中叶和 19 世纪初期欧洲最主要的文学大师。他的两部代表作分别为《少年维特之烦恼》和《浮士德》。

《少年维特之烦恼》是使他享誉欧洲文坛的成名作，也是他第一部产生重大国际影响的德国文学作品。作品记录了诗人青年时代的一段重要经历，写得缠绵悱恻、深情感人。小说写市民出身的少年维特热恋美丽的少女绿蒂，而绿蒂早已与他人订婚。无望的爱情使维特万分痛苦，等级森严的社会又让他饱受冷眼，贵族的傲慢与歧视、资产者的庸俗自私令他感到窒息。维特终因绝望开枪自杀，向社会作无力的抗议。

歌 德

小说揭示了德国狂飙突进时代个性的要求与封建等级社会的尖锐冲突，具有强烈的时代精神。小说极为成功地运用了第一人称的书信体，文情并茂，剪裁精当，对维特的感情变化剖析深刻，对心理活动刻画得细腻逼真，对大自然的一草一木都赋予奇异的诗的色彩。这些艺术手法直接对欧洲 19 世纪的浪漫主义文学产生了重大影响。

《浮士德》是歌德创作的最高成就，它的完成花费了近 60 年（从 1773 年到 1831 年），倾注了歌德毕生精力。《浮士德》取材于德国 16 世纪关于浮士德的民间传说，全诗分为两部。

第一部主要写年过半百的浮士德博士沉缅于中世纪的书斋里，思想苦闷，精神空虚。复活节的钟声把他带到春天的城郊，遇到魔鬼靡非斯特，并与之签订契约：魔鬼甘当仆人，满足他的所有要求。魔鬼把他带到魔女之厨，让他领了魔汤，返老还童；与市民少女格雷琴热恋，导致烙雷琴因溺婴被处以死刑。浮士德在精神上自责痛苦，决心放弃"小世界"的平庸生活，向广阔的"大世界"去探求。

第二部先写浮士德和靡非斯特到宫廷为皇帝服务，结果发现他们的活动只是供统治者享乐，维护摇摇欲坠的封建王朝。于是，浮士德又开始了新的追求，他与象征古典美的海伦结婚，然而，子死妻亡，浮士德得到的只是海伦留下的衣服和面纱，对美的追求终于破灭了。于是浮士德从神话世界回到人间，他招募劳力填海造陆，双目失明仍从事工程指挥。然而，他错把靡非斯特要工人给他挖掘墓穴的锄头声，当成填海建国的劳动声响，而自以为探索到了理想的人生和社会，感到满足而死。

浮士德在书斋

整个诗剧通过主人公自强不息、探索真理、追求美、追求理想的过程，宣扬了创造理想的资产阶级王国的启蒙思想，歌颂和肯定了新兴资产阶级的人生观和社会理想，揭露批判了封建专制王朝的腐朽没落、封建伦理道德和教会的残忍冷酷。

《浮士德》使用现实主义与浪漫主义相结合的艺术手法，使作品既充满浪漫主义和神话故事的色彩，又有其现实主义的基础。此外，它还是欧洲资产阶级上升时期从文艺复兴到 19 世纪初期 300 年文化发展的生动的缩影。《浮士德》与荷马史诗、但丁的《神曲》、莎士比亚的《哈姆雷特》并列为欧洲文学的四大名著。

席勒与《阴谋与爱情》

在他的生命历程中，跨越了两个世纪，其丰富多彩的著作，反映了欧洲的政治、经济、文化的巨大变化和发展。他向往自由的革命思想。

席勒从 1776 年开始写一些抒情诗作。1782 年席勒用了七个星期写成了《路易斯·密勒林》，后改编为剧目《阴谋与爱情》。1784 年公演，大获成功。《阴谋与爱情》是部市民悲剧，描写的是某邦宰相儿子斐迪南爱上了乐师的女儿路易斯。宰相的秘书用阴谋破坏两人的爱情。斐迪南中计，毒死了自己和路易斯。宰相归罪于秘书，秘书又揭发宰相害死前任的罪行，两个歹徒暴露了彼此凶残面目。这是席勒青年时代最为成功的一部剧本。反映了当时德国统治阶级政治的腐败，生活的奢侈，精神的空虚，宫禁的秽行。恩格斯评价它的"主要价值就在于他是德国第一部有政治倾向的戏剧"。

席　勒

席勒的主要剧作还有《强盗》、《华伦斯坦》、《奥尔良的姑娘》、《威廉·退尔》、《唐·卡洛斯》和《斐爱斯柯》等。席勒以最富有现实主义的精神无愧于德国狂飙突进运动后期最优秀的作家。

浪漫诗人拜伦

拜伦（1788～1824）是欧洲积极浪漫主义的代表作家。他出生于伦敦一个没落的贵族之家。父母感情不和，幼小的拜伦成了他们发泄怒气的对象，因而，养成了拜伦忧郁、孤独、反抗的性格。他在剑桥大学接受了启蒙思想，并开始发表诗集及评论，初露锋芒。

1809～1811年，拜伦第一次进行漫长的国外旅行，这次旅行，使他了解到南欧各国的民族解放运动，对他的思想和创作产生了很大的影响。著名长诗《恰尔德·哈洛尔德游记》，就是依据这次旅途日记写成，长诗的出版使拜伦成了英国的风云人物。他回英国后，集中精力写政治讽刺诗，攻击保守党和英国的贵族资产阶级。然而，政治气候的恶劣和个人生活的不幸，一方面使拜伦的忧郁、孤独感和反抗精神增强，一方面也产生了悲观情绪。这一时期的主要作品有《东方叙事诗》、《希伯来叙事诗》等。这些诗以东欧、西亚为背景，塑造了一些富有叛逆精神，与命运作斗争的"拜伦式的英雄"形象：他们同社会尖锐对立而孤军奋战，进行个人反抗；他们蔑视社会"文明"，傲世独立，对前途失望；他们为个人自由和爱情幸福奋斗的结局往往不是失败，便是死亡。

拜 伦

1816 年，拜伦在英国上流社会的诽谤与打击下，愤然离国，从此侨居异乡。在瑞士时，拜伦结识了雪莱，并受到他的乐观积极的思想影响。拜伦这时创作的《普罗米修斯》、《路德分子之歌》，表现了革命者坚毅的斗争精神。在意大利期间，拜伦积极参加烧炭党人的革命活动，为革命活动提供经费，购买武器弹药，被推举为该组织的领导人。诗人从意大利的革命斗争中吸取力量，进入了他的创作高峰时期，如哲理诗剧《曼夫莱德》、神秘剧《该隐》和长篇诗体小说《唐璜》都完成于此时。1823 年拜伦到希腊参加民族起义军的活动。他卖掉自己的庄园，毫无保留地用于希腊革命。他亲自参加劳动和训练，总是置身于最危险的地方。长期的奔波和操劳，损坏了他的身体，1824 年逝世。他把自己的财产、精力和生命都献给了希腊的独立事业。

拜伦以他巨大的文学成就成为欧洲 19 世纪最杰出的浪漫主义诗人。他的诗篇洋溢着民主理想和民族解放斗争的激情。他是无畏的战士，也是一个个人主义者。他的成就对欧洲文学产生了巨大的影响。

《死魂灵》与《钦差大臣》

果戈里（1809～1852）是俄国批判现实主义文学的奠基人之一，是优秀的讽刺作家。他的长篇小说《死魂灵》和讽刺喜剧《钦差大臣》两部杰作的问世，曾轰动了整个俄国。

《死魂灵》写一个专靠坑蒙诈骗起家的投机者的经历，他为了捞取暴利，施展人们意想不到的诡计，跑到各个地主庄园贱价"收购"死去的农奴，搞灵魂的买空卖空。以这个无赖的招摇撞骗为线索，作者描写了俄罗斯形形色色的外省地主的丑恶嘴脸，暴露了农奴制度的黑暗。

果戈里

《钦差大臣》写一个游手好闲的花花公子被某县城官吏、财主误认为"钦差大臣"的故事，通过这场误会，淋漓尽致地描写了统治集团贪婪暴戾、欺上压下、奉承拍马、愚昧可笑的种种丑态。

戈里是讽刺幽默的大师，他善于引读者发笑，在笑声中，一切丑恶的东西都遭到灭顶之灾。果戈里后期思想脱离了现实生活，企图在保存封建农奴制度的前提下，寻求出路。为此，他在《死魂灵》第二部中极力描写地主阶级的正面形象。结果，他失败了，受到进步人士的激烈批评和严厉谴责。逝世前十天，果戈里在绝望与痛苦中焚毁了《死魂灵》第二部手稿，这就是后人常说的"果戈里的悲剧"。

《人间喜剧》

　　巴尔扎克（1799～1850）是 19 世纪法国伟大的批判现实主义作家，他的杰作是小说总集《人间喜剧》。它不仅细致地描绘了那个时代的人们的真实生活与风俗人情，而且艺术地反映了那个时代的阶级斗争发展史、政治经济发展史和社会思潮发展史。它为法国现实主义文学创作开辟了广阔的道路。恩格斯认为，巴尔扎克是"比过去、现在和未来的一切左拉都要伟大得多的现实主义大师"，他的《人间喜剧》就是一部法国社会的"卓越的现实主义历史"。1845 年，巴尔扎克的《人间喜剧总目》问世，计划写作长、中、短篇小说 137 部。但到他逝世之日止，仅完成 91 部。他把全部作品分为三类：风俗研究、哲学研究和分析研究。

巴尔扎克

　　"风俗研究"是小说总集的主干部分，从各个方面反映法国当代社会生活，如"私人生活"着重描写人们在童年、少年时代的生活，由于感情冲动或经验不足而酿成的过失与灾难，代表作有《高利贷者》、《夏倍上校》、《高老头》等。"外省生活"着重描写人们成年时代的行为，处于因热衷于个人盘算、利欲和野心而引起的冲突之中，代表作有《欧也妮·葛朗台》、《搅水女人》、《幻灭》等。"巴黎生活"着重描写大都会的风俗，汇合了"大善与大恶"、朴素的情感与肆无忌惮的欲念，代表作有《法西诺·卡纳》、《邦斯舅舅》等。"政治生活"着重描写人与人、集团与集团间的利害关系，代表作有《恐怖时代的一个插曲》等。"军事生活"着重描写动荡社会中征服与防御间的矛盾，如《舒昂党人》、《沙漠里的爱情》。"乡村生活"描写乡村各阶层的矛盾，代表作有《幽谷百合》、《农民》等。

"哲学研究"与"风俗研究"的关系特别密切。其主要目的在于探讨种种社会现象产生的原因,追索其隐蔽着的重大意义,代表作有《长寿药酒》、《不可知的杰作》、《绝对之探求》等。

"分析研究"仅完成《婚姻生理学》、《夫妇纠纷》,主要是根据人类的"自然法则"和真、善、美的人道主义原则,分析社会上的不合理现象。《人间喜剧》通过"编年史的方式",完整地反映了巴尔扎克的时代,汇集了19世纪上半叶"法国社会的全部历史"。它以描写"资本主义地狱"的罪恶为主要任务,再现了资产阶级血腥发家史、贵族阶级的没落腐朽和农民阶级与资产阶级的冲突。

此外,小说集也表明了作者主张自由贸易、发展工商业和农村资本主义的经济观以及要求作家必须面向生活,文学必须通过艺术来概括反映生活的文艺观。

安徒生童话

世界文学史上伟大的童话作家安徒生(1805～1875),享有其他人不可比拟的荣誉。他出身贫寒,父亲是鞋匠,11岁时父亲死去,只好靠母亲替人洗衣维持生活。幼小的安徒生在呢绒铺当过学徒,在剧院干过杂役。屈辱、辛酸、痛苦,伴随着安徒生的童少年时代。

安徒生

安徒生的童话,有着诗一般优美的意境。形象鲜明生动,语言质朴清新,几乎每一篇都好似一首动听的歌。起初,由于安徒生出身下层,再加上他的作品所包括的重大的社会意义和强烈的爱憎感情,使得当时的上流社会企图压制他、排斥他。但是,他的优秀作品飞出国界,传遍欧洲,得到了各国第一流的大作家们的支持和赞美,首先在国际上承认了安徒生的伟大作家的地位。安徒生的后期作品，更多地瞩目于现实，思想性、哲理性也更加强了。他的作品已不只是写给孩子们的，同时也是写给成年人的。

安徒生一生写了160多篇童话，其中，最著名的有《海的女儿》、《丑小鸭》、《卖火柴的小女孩》、《皇帝的新装》、《夜莺》等。

《战争与和平》

列夫·托尔斯泰（1828～1910）是19世纪俄国批判现实主义文学大师，他的著名史诗体长篇小说《战争与和平》，以对历史事件的巨大概括、人物的众多以及特有的史诗风格而使人们感到惊讶，被誉为"俄国文学和世界文学中的奇观"。

该小说以1812年俄法战争为背景，以包尔康斯基、别祖霍夫、罗斯托夫和库拉金等四大家族的家庭生活为主线，气势磅礴地再现了1805～1820年间俄国社会的重大历史事件。

1805年，俄法关系日趋紧张，青年贵族安德烈·包尔康斯基不愿在腐化的贵族社会中庸碌地浪费生命，于是投笔从戎。在与法军作战时受伤仰卧沙场，他望着天穹，悟出一切功名皆为虚无。伤愈后回到田庄，妻子难产死去，他因而愈加消沉。后来他爱上罗斯托夫伯爵的女儿娜塔莎，爱情使他振作起来重新投入生活和事业。俄法战争爆发，安德烈奔赴战场，于重伤撤退中与娜塔莎重

托尔斯泰肖像画

逢后死去。彼埃尔是一显贵的私生子，意志薄弱，但又向往理想的道德生活，厌倦荒淫的贵族生活，于是在卫国战争中组织民团并经受了战火考验。为刺杀拿破仑而被法军逮捕，后来遇救，与娜塔莎结婚。

《战争与和平》旨在表达俄国贵族的命运和前途。由于作者长期的亲身经历以及同人民的接近，使他深感人民在历史中的重大作用，因而在书中歌颂了俄国人民的爱国主义精神，揭露并谴责了宫廷与贵族的腐败。但作者对宗法制庄园贵族加以美化、理想化，并把人民理解为一种顺应天意的盲目力量，书中还宣扬了宿命论、不抗恶等消极思想。

全书呈现出一个开放结构，以战争与和平生活为中心，不断变换着各种场景。内心独自与心理活动描写的交替使主要人物的精神世界完全展现在读者面前，具有一种震撼心灵的艺术效果。在优美的散文中经常插入大段雄辩有力的议论，以直接表达作者的历史哲学等观点，是这部巨著的又一艺术特色。

莫泊桑的短篇小说

莫泊桑（1850～1893）是 19 世纪后半叶法国优秀的批判现实主义作家，是世界著名的短篇小说巨匠。1879 年的《羊脂球》震惊文坛，使莫泊桑成为法国文学界的一颗耀目的新星。

《羊脂球》是世界文学宝库中的珍品之一，它以普法战争为背景，把各阶层的典型人物"浓缩"到一辆马车上。马车从敌军占领的卢昂出发，匆匆向法军据守的地方撤退。中途经过普军占领的小镇，敌军官蛮横无耻地要求绰号叫"羊脂球"的妓女陪他过夜，否则全车人都要扣留。于是，戏剧场面展开了：一伙道貌岸然、自命高贵的贵族老爷、工业家、商人、政客和修女为了保全自己，用尽威逼、恳求、哄骗等手段，请"羊脂球"顺从普军官的无耻要求。"羊脂球"为了保全这些"同胞"，只好蒙受奇耻大

莫泊桑

辱。事过之后，车子又前进了。不料，这些"高贵"的旅伴突然面孔大变，对"羊脂球"倍加轻蔑和唾弃，以示自身的"高洁"。该小说通过形象对照，无情揭露了伪君子的丑恶面目，其批判力量甚至使一些长篇巨著也难以相提并论。

莫泊桑在短短 10 年左右的时间里，写出 350 多篇中短篇小说，其中很多都成为脍炙人口的佳作。此外，他还写了 6 部长篇小说，其中最著名的是《漂亮的朋友》（即《俊友》）和《一生》。莫泊桑对后世的影响是深远的，他的优秀短篇被世界各国文学工作者奉为楷模。

《约翰·克利斯朵夫》

《约翰·克利斯朵夫》被誉为 20 世纪第一部最伟大的小说，它是法国杰出作家罗曼·罗兰（1866～1944）的一部史诗般的巨著。因这部作品作者荣获 1913 年法兰西学院文学奖及 1915 年诺贝尔文学奖。

该小说以主人公约翰·克利斯朵夫的生平为主线展开，描写了一个平民出身的德国音乐家克利斯朵夫在德国、巴黎、瑞士和罗马的生活经历，描绘出欧洲社会生活的广阔图景。克利斯朵夫出身于音乐世家，自己也是个有才能的钢琴家和作曲家，但他不愿以音乐来逢迎时好，猎取功名利禄。他为人爽直，富于正义感，认为艺术家为了表现生活的美好理想，应向社会上的消极势力展开不妥协的斗争。然而，他却蔑视广大劳动群众，自以为高人一等，他过分夸大个人的作用，自始至终坚持个人主义的反抗。

罗曼·罗兰不仅是大作家，而且是音乐家，对艺术史、音乐史有精湛的研究，其音乐才能也渗透在《约翰·克利斯朵夫》的人物和情节之中，影响到作品的结构和描写手法，赋予小说以音乐性和节奏感，从而在小说创作中开创了一种独特的风格，被人们称为"音乐小说"。首先，小说具有音乐的构思。全书犹如一部庞大的交响曲，有序曲，有发展部，也有尾声。每一卷都是一个有着不同乐思、情绪和节奏的乐章，人物的思维活动又像不断变换的旋律。前三卷为序曲，写克利斯朵夫的故乡环境，最初的朦胧感受，经常接触的人物，他的初恋以及逐渐体会到的生活苦味和社会不平。

接着的五卷是发展部。描写了克利斯朵夫对当时社会及资产阶级虚伪艺术的反抗，叙述他的友谊和恋爱。第九卷是高潮，写他投身于工人阶级的斗争，寻求同人民结合的道路。第十卷为尾声，主人公晚年万念俱灰，隐居山中，专心于宗教音乐的创作，最后在追求精神上的自我完善及往事回忆中死去。

综观全书结构，都是以"感情为程序"，"以艺术的内在因素为先后，以气氛和调子来做结合的原则"，写出了主人公在不同时期的艺术观，形成了一个个回旋流动的乐章。在描写手法上，作品插进一些散文的笔调，乐画相映。作者还发扬了法国小说中传统的心理分析，把心理描写与自然景色描写以及作家本人的哲理思想和谐地结合在一起，衬托了人物的性格，突出了人物的感受，使作品既富有抒情和政治特色，又有着音乐的意境，大大增强了艺术感染力。

高尔基与自传体三部曲

高尔基（1868～1936）是俄罗斯著名作家，生于诺夫哥罗德城（高尔基市）。他幼年丧父，童年生活艰难，11岁就到"人间"谋生。但是他没有停止过学习。19世纪90年代，高尔基的无产阶级世界观还没有形成，艺术方法也在摸索阶段，他早期作品中现实主义与浪漫主义两种风格并存；20世纪初，高尔基逐渐接受马克思主义世界观，积极参与革命活动，这一切推动了他文艺思想的发展，苏联十月革命使高尔基成为坚定的革命者，进入了创作高峰期。

高尔基的代表作有自传体三部曲《我的童年》（1913～1916）、《在人间》（1913～1916）和《我的大学》（1922～1923），这三部小说是高尔基遗产中最优秀的部分之一。他描写了作家从生活的底层攀上文化高峰、走向革命道路的经历，同时也反映了俄国一代劳动者在黑暗中寻找真理、追求光明的艰难曲折的历程。高尔基是无产阶级文学和苏联文学的奠基人。他还为苏联文学确立社会主义现实主义的创作方法做出了卓越贡献。他的代表作品还有《母亲》、《克里姆·萨姆金的一生》等；戏剧《小市民》和《底层》等。

马雅可夫斯基与"楼梯诗"

马雅克夫斯基（1893～1930）前苏联诗人，生于格鲁吉亚库塔伊西省巴格达吉村。1908 年加入共产党。

马雅可夫斯基于 1912 年开始从事创作时正逢俄国颓废派艺术泛滥时期，他也曾错误地把革命活动和艺术工作对立起来，开始接受未来主义的影响。1915 年他和高尔基的会面给予了他巨大的影响。前苏联十月革命以后，马雅可夫斯基的创作进入了新阶段。他曾把"十月革命"称之为"我的革命"。1924 年他进入创作的成熟期，写了大量的诗歌和戏剧。

前苏联"十月革命"以后出现了一种新的诗体，诗句结构特殊，往往一句分成若干行，有时甚至一个词也分成若干行，排列成楼梯式。它洗练严谨，突出了诗歌的顿歇作用，强调了最有分量的词语，节奏分明、刚健有力。特别适合于朗诵，人们将其称之为"楼梯诗"。它的创建者正是马雅可夫斯基。代表作品还有《穿裤子的云》、《一亿五千万》、《列宁》和《关于这个》等。

爱伦堡与"解冻文学"

爱伦堡（1891～1967）是前苏联俄罗斯作家、社会活动家，生于基辅一个工程师家庭。1910 年开始发表作品，其中的中篇小说《解冻》不仅是作家的代表作品，更是前苏联文学史上具有划时代意义的作品。

该小说发表于 1956 年，以斯大林去世后前苏联国内面临的思想动荡和改革为背景，描写了伏尔加河沿岸一家工厂 1953～1954 年发生的变化。作品抨击官僚主义，嘲讽势利小人，讴歌高尚纯洁的知识分子。这在当时万马齐喑的苏联社会是有胆有识的非凡之举，它传达出了苏联政坛及社会全面解冻的声音。此后便涌现出一批"解冻文学"。

尽管《解冻》标志着一种思想解放的潮流，但客观地说，《解冻》是一种特殊意识形态话语中的写作。在数十年的前苏联社会主义实践中，一直存在着两种文学：一种是主流文学，这种文学被命名为社会主义现实主义的文学；

一种是反主流文学，亦可命名为社会主义人道主义的文学，《解冻》当属于后者。无论是社会主义现实主义，还是社会主义人道主义，其特殊意识形态话语是预先给定的前提。这个前提造就了一个与我们今天生活的社会截然不同的社会，即一个非市场、非消费一消费社会。《解冻》中的人物就生活在这样一个社会中。这个社会随着冷战时代的结束而逐渐消失了踪影。

在今天这个意识形态日趋多元的世界，我们会觉得《解冻》中的人物有着一种与我们截然不同的社会存在本质。他们的爱与恨、乐与忧、拒绝与追求，在我们这些已开始承受市场经济压力的人看来，颇有点不可思议。然而，《解冻》所描述的生存状态还是会使我们记起人类还曾经进行过这样一次功过难明的巨大实验。这次实验造就了一种第二世界的文化，当它存在之时，人们感受到了它的深刻缺陷；当它终于解体，人们又意识到后现代社会的不尽如人意。因此，尽管《解冻》中人们对善与美的单纯明快的追求已随着第二世界文化的解体而烟消云散，但阅读《解冻》，不仅是一种温故，而且也可能意味着一种知新。爱伦堡的代表作品还有《巴黎的沦陷》、《暴风雨》《九级浪》和《人·岁月·生活》等。

《吉檀迦利》

泰戈尔（1861～1941）是享有世界声誉的印度近代伟大诗人和作家。他的代表作《吉檀迦利》使他荣获1913年诺贝尔文学奖，并成为东方第一个诺贝尔文学奖的获得者。

《吉檀迦利》是一部宗教抒情诗集，共103首诗。"吉檀迦利"意为"献诗"，用作者自己的话说，是献给那给他肉体、光明和诗文才华的神的。不过，诗人所谓的"神"，并不是一个偶像，而是"活动于一切自然中，无所不在、无所不包"的具有泛神色彩的神："他穿着破敝的衣服。在最贫贱最失所的人群中行走"，"他在锄着地的农夫那里，在敲石的道路工人那里……他和我们大家永远联系在一起"。正因如此，这部诗集初读时令人朦胧，再读使人感到神秘，细读却使人感到深邃的哲理含义。然而，诗集中的这种哲理，又不是一般的枯燥说教。诗人展开想象的翅膀，以清秀动人的诗句，展开一个个生动鲜明的意境和浓厚的抒情风味。优美的音韵，不但给读者以回味和思索，而且带来美的艺术享受。读着这些诗篇，仿佛能看到提灯顶罐、巾帔飘扬的印度妇女，田间路上汗流浃背的农夫和工人，园中渡口弹琴吹笛的民间音乐家，海边岸上嬉笑的孩子，以及热带丛林的响雷急雨、繁花丛树。这些抒情描写，透出了诗人对自己有着悠久文化的国度和爱和平爱民主的人民大众无比热爱的深沉感情。

诗集犹如一部交响乐章，每首诗既各自独立，又紧密联系；既充满哲理，又洋溢激情；既朴实无华，又有着优美的韵律，闪射出理性与情感交织的光辉。

罗伯—格里耶与新小说派

罗伯—格里耶（1922～2008）法国作家。生于法国布列斯特，原为农艺师。1955年后任巴黎子夜出版社的文学顾问，并开始从事写作和电影编导。他的论文《未来小说的道路》（1956）和《自然、人道主义、悲剧》（1958），被称之为新小说派的宣言。

新小说派又称"反传统小说派"，20世纪50年代出现于法国文坛，开始不被理解，60年代后逐步扩大影响。新小说派认为传统的文学创作方法无法表现动荡、变化的现实和人的主观世界，因此主张革新小说的创作方法，以便更深刻地反映事物和真实。他们师承普林斯特、卡夫卡、福克纳，不注重情节描写和性格描写，而着力于外界事物的描绘，有时甚至用号码代替人物姓名，完全打破时间和空间概念，作品中大量出现梦境、回忆、幻觉和潜意识。反对以人物作为写作的中心，他们主张小说要把人与物区分开来，要着重物质世界的描写，认为小说的主要任务不是塑造人物的形象，更不在于表达作者的思想感情、政治立场、道德观念等，而是要写出"一个更实在的，更直观的世界"。

他的作品还有小说《橡皮》、《窥视者》；电影剧本《去年在马里昂巴德》，他所编导的电影《不朽的女人》，曾获得德路克电影奖。

《西线无战事》

德国现代著名作家雷马克（1898～1970）的成名作和代表作《西线无战

事》，被列为具有世界影响的优秀反战小说。作者 18 岁参加第一次世界大战，在西线经历了许多战役，受伤五次，这使他的创作有足够的生活素材。

该小说通过描写一个班八个普通士兵在战壕中的生活，他们所经受的精神和肉体上的痛苦以及先后的死亡，揭露了帝国主义战争的残酷和毁灭性。作者对交战国士兵之间的肉搏、炮弹的袭击、毒气杀人等恐怖的战争场景作了细致的描绘，刻划被迫作战的普通士兵的思想和内心活动。主人公保罗战死在战争行将结束的 1918 年 10 月的某一天，然而，这天司令部的战报却总是简短的一句话："西线平静无事。"

《西线无战事》使作者一举成名，作品出版后，仅在德国第一年就销售 120 万册。18 个月内被译成 25 种文字，发行 350 多万册，不久被美国等国搬上银幕，反响极为强烈。历史已经证明，这是一部 20 世纪最重要的文学作品之一，将永远载入德国乃至世界文学宝库。

《百年孤独》

《百年孤独》是哥伦比亚著名作家马尔克斯的代表作。

故事情节是这样的：乌苏娜跟其表兄布恩迪亚结婚后，唯恐同族结婚也像她姨母那样婚后生个长猪尾的儿子，便拒绝与丈夫同房，引起村里谣传纷纷。布恩迪亚盛怒之下杀死嘲笑自己的邻居阿吉拉尔。从此，他家经常闹鬼，不得安宁。于是他决定搬家至沼泽地环绕的一片滩地上，渐渐地在这里形成一个小镇。布恩迪亚是镇上最重要的大家族，六代同堂，每代人都经历着不同遭遇。族长布恩迪亚疯了，被捆在树上死去。次子奥雷连诺上校发动武装起义 32 次，都被镇压，他的 17 个私生子也在一夜之间全部被打死，加上天灾人祸，第六代人只剩下两个。乌苏娜活了 125 岁，死后由于家族乱伦，第七代生了个带猪尾的小孩。最后，这个家族消亡了，小镇也消失了。小说叙述了小镇从 19 世纪中叶到 20 世纪上半叶百年间经历的三个社会阶段：氏族阶段、封建社会、殖民社会。以布恩迪亚家族七代人的兴衰史为经线，浓缩而深刻地反映了落后、愚昧、闭塞、保守、僵化、野蛮的殖民地国家哥伦比亚乃至整个拉美大陆的历史嬗变与社会现实，表达了作者反帝、反封、反独裁、反孤独的进步思想。作品中还出现了 30 年代哥伦比亚的工人运动和1948年恐怖的权力斗争。

这部小说深刻地反映了哥伦比亚乃至整个拉美大陆的历史演变和社会现实，因而被称为"继《唐·吉诃德》之后最伟大的西班牙语作品"，是"20世纪下半叶给人印象最深的一部小说"。

马尔克斯被认为是一位"魔幻主义"作家，他的作品中大量运用印第安传说和阿拉伯神话以及《圣经》中的故事，把触目惊心的现实和源于神话传说的幻想结合起来，描绘了一个奇怪的世界，变幻想为现实而不失为真，使读者在"似是而非，似非而是"的形象中，获得一种似曾相识又觉陌生的感觉，标志着魔幻现实主义文学所达到的高度。由于作品的历史高度和艺术成就，作者获得1982年的诺贝尔文学奖。

渡边淳一与《失乐园》

渡边淳一，当代日本文学的代表人物之一。1933年生于日本北海道，医学博士、外科医生出身，后弃医从文。1965年以小说《死化妆》登上文坛。1980年其长篇小说《遥远的落日》获日本文学大奖"吉川英治文学奖"。其代表作品《失乐园》在日本发行260万册并被拍成电影。

中国人大多是因《失乐园》及其电影而"结识"了渡边淳一。外科医生出身的渡边淳一，巧妙地把医学眼和文学眼做了最佳的结合，找到一个特殊的视角透视男女关系。他对现代社会的婚姻和家庭怀有深深的疑问。他认为不论如何相爱的男女，如果他们结成夫妻，那么他们就会迅速失去恋爱时的热情，难以产生强烈的性爱和情爱。而且，很多作家的小说写过社会责任与爱的话题，这样的小说太陈旧。他关注更多的是文学作品发掘人内心深处的本能和愿望。

渡边淳一

美术篇

　　美术主要包括绘画和雕塑。绘画是以色彩、线条、明暗塑造形体，在二维的平面上创造出艺术形象的。绘画的意义包含利用艺术手段加上图形、构图及其他美学方法去达到表现出作者希望表达的概念及意义。雕塑是造型艺术，是一种在三维空间（即客观存在的现实空间）展现的视觉艺术。古埃及在3000多年前，雕塑艺术就体现出十分成熟的水平。而古希腊的雕塑则翻开了世界雕塑史上最辉煌的一页。其雕塑作品所体现的一种理想美，成为全世界的精神财富。下面就让我们看看那些雕塑之最。

文艺复兴时期的绘画

　　文艺复兴时期的绘画注重写实，开创了基于科学理论和实际考察的绘画技法，如人体解剖和透视法则等。

　　意大利的佛罗伦萨是文艺复兴绘画的摇篮。从14世纪至15世纪前半叶，佛罗伦萨画派始终是绘画的主要流派。乔托是佛罗伦萨画派早期的大师。他的艺术具有鲜明的写实主义倾向，作品虽多属宗教题材，却开始真实表现世俗生活情景，注意空间远近关系与人物的主体表现。乔托之后，佛罗伦萨画派人才辈出，产生了马萨乔、乌切洛、波提切利、吉兰达约等一大批杰出画家。他们的画风或雄伟或秀丽，但都注重空间的透视表现和人物的坚实造型，并以善于用线为他们的共有特色。15世纪末到16世纪，文艺复兴的绘画进入鼎盛时期，继佛罗伦萨画派之后，涌现了翁布利亚画派、威尼斯画派、米兰画派、罗马画派。

　　文艺复兴盛期绘画的杰出代表是达·芬奇、米开朗基罗和拉斐尔。前两位都是佛罗伦萨艺术家,拉斐尔虽师从翁布利亚画派,也主要在佛罗伦萨完成学业,形成自己的艺术风格。他们的活动都不限于佛罗伦萨。米开朗基罗和拉斐尔主要活动于罗马。达·芬奇前期在米兰,后期远走法国。他们的艺术也在更广泛的范围内代表了文艺复兴时期的成就。

达·芬奇的绘画熔艺术与科学于一炉,他的作品在体现人文主义思想和掌握写实主义手法上较之前人有了极大提高,杰出的如《最后的晚餐》、《蒙娜丽莎》等被誉为世界名画之首。米开朗基罗则在雕塑、绘画和建筑方面都留下了最能够代表盛期文艺复兴水平的典范创作。他的绘画以气势宏伟著称,他的人物形象雄健壮实,气魄伟岸,显示了艺术家在写实基础上非同寻常的理想加工。拉斐尔的绘画以秀美典雅著称,他的圣母像寓崇高于平凡,被誉为美和善的化身,充分体现了人文主义的理想。

在文艺复兴盛期绘画中,成就卓著的另一流派是威尼斯画派。在16世纪,这一画派先后出现了乔尔乔内、提香、丁托列托和韦罗内塞四位大家。尤以提香长达70年的创作活动,为威尼斯画派赢得了巨大的声誉。威尼斯画派诸家皆以色彩处理取胜,但个人风格又有所长。例如,乔尔乔内作品富于诗意,提香画中人物的健美丰硕,丁托列托构图的宏大灵动,韦罗内塞风格的富丽豪华,都从不同方面丰富了文艺复兴绘画的成就。由于威尼斯画派油画技法的卓越,它对日后西方近代绘画的影响,甚至比佛罗伦萨画派更大。

在意大利文艺复兴运动的影响下,尼德兰、德国、法国、西班牙等地区均产生了文艺复兴运动。尼德兰文艺复兴绘画虽然接受了意大利的影响,但主要是从本土的哥特艺术蜕变而来,其早期代表画家有凡·爱克兄弟。他们的绘画具有鲜明的写实主义风格。后期最有成就的画家是有"农夫"之称的勃鲁盖尔,他不仅善于描绘民间特别是农民的生活情态,而且是一位伟大的风景画家。德国文艺复兴时期产生了许多杰出的绘画大师,其中最著名的有丢勒、克拉纳赫、荷尔拜因等,虽然他们的风格特色各有不同,却都以写实主义的成就显示了新艺术的巨大生命力。法国的文艺复兴绘画吸收了意大利和尼德兰的营养,代表画家是富凯。西班牙文艺复兴绘画的主要代表人物是出生于希腊的格列柯。

最早的漫画

　　漫画通常用简单而夸张的手法来描绘生活或时事的图画。一般运用变形、比拟、象征、暗示、影射的方法，构成幽默诙谐的画面或画面组，以取得讽刺或歌颂的效果。英国画家荷加斯（1697～1764）在1743～1745年期间画的连环画漫画《时髦婚姻》，被认为是最早的漫画。

　　荷加斯是英国第一位在欧洲享有盛誉、有鲜明民族特色的风俗画家，有"英国绘画之父"之称。荷加斯出生教师之家，家境清贫。他对封建君主专政的英国社会持批判态度，他用作品反映社会各个阶层的生活，对社会的种种阴暗面进行深刻的揭露和无情的抨击，作品有较强的文学色彩，寓教于

《时髦婚姻》

画，通俗易懂，深受广大人民的欢迎。

　　油画组画《时髦的婚姻》以莎士比亚式的情节性加讽刺性，迎合了英国人的艺术审美趣味，成为最受人们欢迎的作品之一。作品通过措写当时英国一个破落贵族与身为议员的暴发户以子女婚姻互相利用和勾结的故事，揭露上流社会的种种丑态以及由此产生的悲剧。如画家自己所说，时髦婚姻所描述的是"上流社会形形色色的时髦事件"，全画共六幅。画家威廉·贺加斯在作品的素描稿和油画中频频出现一些夸张变形人物造型，因此，这部作品被认为是最早的真正意义上的漫画作品。它与荷加斯另外几部代表作《打瞌睡的教友》、《性格与漫画》等，标志着近代西洋漫画的形成。

达·芬奇和他的绘画

列昂纳多·达·芬奇（1452～1519）是意大利文艺复兴时期的画家、科学家。

达·芬奇出生于佛罗伦萨附近的芬奇镇，15岁学艺，1472年加入佛罗伦萨画家行会。15世纪70年代中期个人风格已趋成熟。达·芬奇的创作活动以1482年为界可以概括为两个阶段——早期创作和盛期创作。早期的创作，以1481年的《博士来拜》为代表，这幅作品虽然没有完成，却是一幅有划时代意义的名作，标志着达·芬奇艺术风格的成熟，预示着盛期文艺复兴风格的到来。盛期的代表作品有《岩间圣母》、《最后的晚餐》和《蒙娜丽莎》，这些作品奠定了达·芬奇在世界美术史上"巨匠"的地位。达芬奇一生完成的作品不多，但件件都是不朽之名作。他的素描习作和笔记插图不仅数量上远比正式的作品多，

达芬奇雕像

而且在艺术水平上也同样达到了极高的境地，被誉为素描艺术的典范。达·芬奇最负盛名且广为人知的作品是《最后的晚餐》和《蒙娜丽莎》。

《最后的晚餐》是达·芬奇一生创作中最负盛名之作。这幅壁画表现了耶稣在餐桌上向他的十二个门徒宣告"你们中间有一个人出卖了我"时引起的骚动。除叛徒之外的十一个人依其性格而表露出惊恐、愤怒、怀疑、剖白的神色，以手势、眼神和倾身而起显示对耶稣的忠诚与关怀，唯独叛徒犹大（左起第四人）手握钱袋，颓然后仰，神色慌乱。这些典型性格的描绘与画题主旨密切配合，又与构图的多样统一效果互为补充，促成了世界美术宝库中最称完美的典范杰作的诞生。达·芬奇的《最后的晚餐》具

《最后的晚餐》

有一种鼓舞人类精神向上的力量，这在前人所画同一题材的作品里是没有的。

《蒙娜丽莎》是达·芬奇最杰出的肖像画，也是文艺复兴时期最杰出的肖像画之一。达·芬奇为此画工作数年，可见对这幅画的加工已超过一般的肖像画，寄托了他对人像的理想典型的创造。画中人物坐姿优雅，笑容微妙，背景山水幽深苍茫，体现了达·芬奇烟雾状笔法的极致。对于面容中眼角唇边等表露感情的关键部位，他特别着重掌握精确与含蓄的辩证关系，达到神韵之境，从而使蒙娜丽莎的微笑含义无穷；再加以背景山水渺茫、宛若梦境，左右两边在透视角度上又有微妙的差别，更增加了画面灵通变幻的气氛。达·芬奇这种臻于完美的生动人像实为人文主义关于

《蒙娜丽莎》

人的崇高理想的最光辉的体现。达·芬奇对这幅画珍爱有加，始终随身携带，晚年赴法国时也不离左右。他在法国逝世后此画留在法国，现藏于卢浮宫。

达·芬奇的艺术理论散见于他流传下来的大量笔记中，也集中于他未完成的《画论》一书中。这些著述被认为是文艺复兴时代艺术理论研究的重大成果。

列宾与《伏尔加河上的纤夫》

俄国画家（1844～1930）列宾是巡回展览画派的代表。1844年7月24日生于乌克兰的丘古耶夫，1930年9月29日卒于库奥卡拉。1864年入皇家美术学院。1871年在学院毕业生命题创作竞赛中获得金质大奖章。与此同时，开始构思创作《伏尔加河上的纤夫》。

1873年，去法国进修，在那里他的油画技巧得到进一步提高，创作了《渔民的女孩》、《祈祷的犹太人》、《巴黎咖啡店》等作品。1876年回到俄国，创作《祭司长》、《库尔斯克省的宗教行列》、《索菲亚公主》、《伊凡雷帝杀子》、《查波罗人写信给苏丹王》、《拒绝临刑前的忏悔》、《意外的归来》和《宣传者被捕》等。

列宾是一位出色的肖像画家，他为同时代的名人作了一系列出色的肖像。其中主要有：《穆索尔斯基肖像》、《斯塔索夫肖像》、《托尔斯泰肖像》等。他还

列宾自画像

喜欢用一种轻松、欢快的笔调，描绘自己的亲人和亲密的朋友。如《蜻蜓》、《休息》和《秋天的花束》等，是一种类似风俗画的肖像画。列宾后期的作品，如《决斗》、《多么自由》、《果戈理焚稿》以及描写1905年革命事件的油画和铅笔速写稿《红色葬礼》、《在沙皇的绞架附近》、《驱散示威

游行》、《1905 年 10 月 17 日的示威游行》等，已不能与早期作品相比，在绘画语言上已缺乏鲜明的表现力。

《伏尔加河上的纤夫》

《伏尔加河上的纤夫》是列宾的著名代表作品。其收藏于俄罗斯圣彼得堡国立俄罗斯博物馆。画面中绘画的 11 个饱经风霜的纤夫犹如一组雕刻群像，他们神情各异，但个个生动传神，具有强烈的震撼力，反映了纤夫们即是苦难的生活底层的人们，也是有毅力的生活的强者。作者对伏尔加河的景色也作了很好的布局，使画面具有宏伟深远的感觉。它不仅揭示了现实矛盾，同时肯定了社会的积极力量，使俄国风俗画增添了新的语言。

莫奈与《日出·印象》

法国著名画家莫奈（1840～1926）是印象画派的创始人之一。印象派的名称，就是当时批评家对他的《日出·印象》一画的嘲笑而来。

莫奈开始跟从布丹学习，并接受容金和柯罗的影响之后转向外光的描写，马奈和透纳的作品给了他很大的启发。他曾长期探索光与空气的表现效果；常常在不同的时间和不同的光线下，对同一对象连续作出多幅的描绘，从自然的光色变换中抒发瞬间的感受。代表作品有《睡莲》、《鲁昂大教堂》、《勒·阿弗尔附近海滨的平台》、《帆船》、《伦敦风景》、《花园里的女人们》等。

《日出·印象》这幅绚烂缤纷、生动活跃的作品，表现了在勒阿弗尔港口一个多雾的早晨，透过晨雾观看太阳初升的瞬间印象。在晨曦的笼罩下，天空和海水都呈现出一种橙黄和淡紫的色彩。海上和岸边的景物模糊不清：三只小船由近及远，似沉似现，海面平静，水浪轻摇，小船似乎在缓缓地前进，船上的人物依稀可见：远处的吊车、工厂的烟囱，隐隐约约，迷漫在雾气之中，融化在太阳初升时朦胧光色里，生动地表现了日出时的情景。

作家把大自然的光线、空气带进画面，增强了绘画的表现力，表现了画家的敏锐

莫　奈

感受和运用色彩的高超技巧。作品于 1874 年在印象派举行的第一次联展时展出，有一位评论家在看了画展后，写了一篇文章，借这幅画的题目大加嘲讽，说莫奈等画家是群"印象主义者"。不料，"印象派"这个名称从此在画坛上确立，《日出·印象》成了这一画派的标志。

《日出·印象》

拉斐尔与《西斯廷圣母像》

意大利文艺复兴盛期艺术三大师之一拉斐尔（1483～1520）全部的艺术创作时间很短，但仍留下了众多而杰出的作品。

19 岁时就自立家业，他那过人的才华得到教皇的赏识，被召往教廷创

作壁画以装饰梵蒂冈。他最重要的壁画是为教皇签字大厅所作的四幅，表现了希腊文化的美和基督精神的光辉，分别代表"神学""哲学""文艺"和"法律"。这四幅画气势宏伟，构图富于节奏，带有宁静、宽容、令人深思的意味。它代表了拉斐尔创作的最高峰，体现了人文主义的理想，是画家对古典文化的礼赞，对人类智慧和才能的颂歌。他突破了过去创作的小巧规模，把细致典雅的风格和纪念碑式的宏伟结合起来，既体现了完美的内容，又达到非凡的装饰效果。可惜，作者于 37 岁生日时辞世，留下了未完成的《基督升天》图。

拉斐尔

《西斯廷圣母》

《西斯廷圣母》是作者于 1515 年为西斯廷教堂作的一幅祭坛画。画的右方，左右两角帷幕刚刚揭开，好像人们从祭坛或窗口望到外面的天空。帷幕边跪着两个近接的圣徒，左边是教皇，表现为一个虔诚的老人，手按胸怀，除一片诚心之外还有无限感动，显出一位忠厚长者的纯朴性格。右边女圣从赞美中转过头，垂下眼帘，除虔诚之外隐藏着欢喜和羞怯。两个小天使也在天真里流露着诗意的神情和美妙的冥想。画面正中，圣母玛丽亚怀抱圣婴基督，冉冉地白天而降。圣母丰腴优美的体型、简朴的衣着和赤裸的双足，令人感到她是一位人间的慈母，她温柔的眼神里含有一种悲悯的目光，托起怀中的婴儿似已准备把他献给这多难的世界，但同时又把他紧贴在怀，似乎如有可能，便将带他逃到一个遥远的地方，用乳汁来喂养这个并非救世主而是自己儿子的普通婴儿。圣婴肥胖可爱，但神色中也含有一种超乎寻常婴儿的严肃和忧虑，似乎已决心做出牺牲。

《西斯廷圣母》的形象在拉斐尔所作的圣母子像中具有典型的意义。优美、慈祥与严肃的思虑，使雕象拥有丰富的内容，反射出性格的多面性。在这里，以人为中心的新观念取代了中世纪以来以神为中心的旧观念，因而与人发生永恒的感情共鸣。

米开朗基罗及其代表作

米开朗基罗（1475～1564）也是意大利文艺复兴盛期的雕塑家、画家、建筑师，是艺术三大师之一，所画人物形体具有强烈的雕塑感。其代表作有《创世纪》、《最后的审判》。

《创世纪》系作者为梵蒂冈的西斯廷教堂所作的天顶画。教堂的长方形大天顶约有三层楼高，面积800平方米，四边有弯度。很难想象这一任务是由米开朗基罗单独完成的。教堂天顶被梁柱分隔开，几百个形象分布在梁柱间，但整体上又是统一的。中间部分有9幅主题性构图，描绘了神创造天地的圣经故事。

米开朗基罗

在《创造亚当》中，景色表现很少，行动展开在蓝色天空的背景上，右边是神，由天使们扶持着，自由地飞翔在天空。左边是裸体的亚当，是神创造的第一个男人，他半躺在绿色的小丘上，仿佛刚从酣睡中醒来。亚当抬着头，手向前伸着，几乎和飞翔着的神手指相触。神被画成充满生命和理智的老人，用手的轻微的动作创造了年轻的美的生命。亚当的身体异常健美，从解剖的角度看，简直无懈可击，其头部集中表现了男性的美，这个形象成了那个时代的象征。在三角档之间共有 12 个壁龛，每个壁龛有一个坐像，姿势各异，间隔坐着预言者和巫女，显示了人的丰富多彩的精神生活与多方面的理智活

《创造亚当》

动。这些形象有强烈的性格和意志，充满创造力、意志力。

《创世纪》故事的天顶共有 200 多个男女形象，这些形象世世代代为人们所共赏，艺术家们也把观摩这一杰作当做最有益的学习。

《最后的审判》是《创世纪》天顶画的姐妹作，画于西斯廷教堂的墙壁上，面积 200 平方米，宏伟的场面显示出米开朗基罗丰富的想象力和非凡的气概。这幅画表现天堂和地狱间永恒的斗争，象征性地描绘了人类的归宿，使人看到铁面无情的、可怕的因果律。黑沉沉的天空背景上，出现了如同被暴风雨卷起的一群人像，以基督为中心，旁边是圣徒、殉难者，右边是恶人被魔鬼推下地狱，左边是得救的灵魂，正升向天堂。这真是一幅表现人体的惊世之作，因而享有"人体百科全书"的称誉。

《最后的审判》

米开朗基罗的一生是不断创造的一生，他毕生所歌颂的英雄人物具有自由的意志、果断的精神和崇高的品质，但同时含有悲剧成份。

丢勒的《四使徒》

　　《四使徒》是德国文艺复兴时期优秀画家兼版画家阿尔勃列赫特·丢勒（1471～1528）的代表作。这是两幅窄长构图的油画，1526年秋季完成后赠与德国纽仑堡市政厅。画家虽取自基督教《福音书》的题材，但人物形象里渗透着画家对祖国混乱命运的悲愤情感。

　　丢勒和当时大多数的人文主义者一样，未直接参加社会斗争，但在人文主义思想的影响下，对当代的农民战争和宗教改革抱着正确的态度，同情于人民群众运动。四使徒的形象似巨人般地充满在窄长的构图里，顶天立地，具有一种紧凑和宏伟的感觉，像纪念碑一样坚实严肃。四个使徒的形象代表着仁爱与正义；他们视线非常集中，好似怒视着现实中残暴的统治者。画家正是通过这种雄伟的艺术形象来反映劳动人民的正直不屈的意志和倔强的性格，体现着德国人民对正面人物的理想。

　　画家以精确的造型技巧和多层厚重的油画笔法，生动地表达了人物的精神面貌，肯定着他们的生存权利。那年轻，没有胡须的约翰，穿着柔和褶襞的红色斗篷，非常沉着稳重；他后边是体魄魁梧的马太，俯首阅读圣经，很是平静温和。反之，对面的构图中，手捧圣经、紧握宝剑的保罗，穿着棱角坚硬褶襞的白色斗篷，怒目斜视，体现出一种刚毅的力量；身后的马可把迅速的目光转向画面之外，准备进入行动。这不是使徒和圣者，却是有血、有肉、有性格特征的当代农民形象。

《四使徒》

　　这件作品虽然是宗教画，但是

却反映当代历史的巨大变化。艺术家在作品下面写着："向人间的统治者提出警告！"这就表明了他对农民运动被镇压的愤慨抗议。

《马拉之死》

法国古典主义画家雅克·路易·大卫（1748～1825）所作的《马拉之死》，集中体现着和当时法国资产阶级大革命相联系的古典主义风范。作品以肖像和历史画相结合的巨大真实感，表现了马拉崇高的革命者形象。

马拉被保皇势力所暗杀，死在他自己秘密住所的浴盆里。这一事件本身就充满非同寻常的、悲剧式的英雄主义。画家大卫与马拉交谊深厚，听到凶讯后立即赶来，悲愤地把马拉殉难的情景画了下来。这幅画并无复杂的场面和繁琐的道具，仅仅摄取了马拉被刺死在浴缸里的特写镜头，单纯的情节、庄重而深沉的色彩近乎冷酷，但正是这种不一般的处理，庄严地升华起一种崇高的悲剧氛围，好像是一座雕塑纪念碑，静穆地凝缩了"人民之友"马拉为革命献身的伟大精神，令观者肃然起敬。画的上半部留有大片空间，画面集中于马拉，人物神情安详。鲜血从马拉的胸膛流淌下来，染红了雪白的浴巾；头颅无力地垂下，但手里仍紧握着鹅毛笔；浴缸旁是凶手匆匆忙忙扔下的匕首……整幅画渗透着庄严的理性精神和炽烈的革命激情。

意大利评论家奥奈洛·文杜里认为，视觉的幻象、友情的激动、事件的戏剧性以及充分熟练的绘画技巧，是完成这幅真正的艺术作品的有利条件。他不但称赞《马拉之死》是反映法兰西革命流血和死亡余辉的唯一绘画作品，而且还肯定

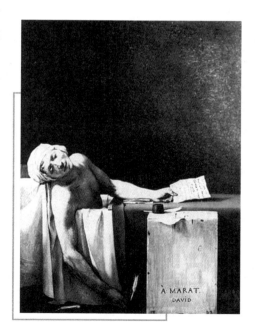

《马拉之死》

它用笔的结实有力，不受任何偏见拘束，从而超出了古典主义范围，预告了现实主义胜利的信息。

梵高和《星空》《向日葵》

梵高（1853～1890）被称为后期印象派代表的荷兰画家，无论用色和造型都明显区别于印象派先行者，区别于他们户外写生重客体、重光谱的观察法和表现法。梵高的静物、风景和肖像，都是主体和客体交融的结晶，将主观情感、心绪客体化了。他常以黄与紫等互补色来塑造形体，使人感到闪闪烁烁的耀眼光华。他也常以长条形连续运动着的笔触，直率地表达出炽烈而躁动不安的感情，以及他一生对太阳的追求、对光明的向往和对生活的渴望。

从《星空》和《向日葵》，我们可感受到被强烈地夸张、变了形的物象，如何充溢着、渗透着画家痛苦、孤独、迷茫和内心呼喊的感情以及他独一无二的个性风格。

《星空》整个画面笼罩着夜空里透出的明亮、耀眼、旋转和强烈对比的喧嚣色彩，产生神秘的基调和令人眩目的光辉。梵高以奔放不羁而颤动的笔触，厚堆起来的蓝、黄、紫、绿交织的色彩，塑造出宇宙星体和空象，如同浪涡在猛烈回旋，又像使用诱惑的强力把观者拉到画境里来。近景特写式的塔形松，如燃烧的火焰熊熊向上，和远方教堂的尖顶相对应，遥遥直指天空，似乎在那里有一个比人间远为神圣、辽阔的世界，也许天堂和人世将以那里为生命和灵魂的支点，会以可怕的速度整个地翻转过来。

《向日葵》

在梵高看来，向日葵是生命之火的象征。在其作品《向日葵》上他只用极少量的墨绿和暗褐点花勾叶，而以大片烙黄团块"写"出花体、瓶体和桌面。突现在淡青色背景上的却是在扭曲中旋转，外缘呈不规则放射状的花瓣，那里蕴含着的是内心的哭泣和呼喊。这样"单纯的、易懂的、近乎儿童画似的艺术"，是梵高日夜梦想并为之献身的"新的绘画"，它要发出力量无穷的光波和热波。而高度的黄色调，反映着作画者的兴奋、紧张、激动、敏感和神经受到极度刺激的精神状态。梵高特异的艺术不同凡响，超越了一般艺术学、美学范畴，也成为心理学家、医学家探讨的课题。如欧洲一些医师认为，梵高的画使用大量黄色，是由于他的精神分裂症导致的视觉病态。梵高留下的大量作品被后世视为最珍贵的艺术品，但在他生前，仅售出了一幅。

绘画大师伦勃朗

荷兰画家伦勃朗（1606～1669）以自己的艺术获得世界绘画大师之称，其一生极其坎坷。在他的艺术里没有浮华的享乐和艳丽的色彩，他大量的画给后世留下的是他那个时代的普通人形象，亲切、真实、深刻，体现出画家的善良性格和强烈的同情心。

《夜巡》曾给画家带来过许多议论和传闻。订画者原希望伦勃朗为他们画一幅群像，每个人在画中都要占一席明显位置。但伦勃朗却画成了一幅出发巡查的风俗画：十余人有主有次，有前有后，有的在正面、有的在侧面。有的在明处，有的在暗处。此外，还出现了队伍之外的人，如一个地位居中的小姑

伦勃朗自画像

娘。这使订画者极为不满。从艺术创造来看，伦勃朗精心构成了这样一个似乎充满音响和运动感的画面：细节的光线真实，但整体的光线并不真实，这样处理是为了制造一种荡漾的气氛。画中人物正向前涌来，隐隐传来嘈杂的鼓声、人声，这一切具有戏剧性的效果。这幅画是伦勃朗巨幅构图的杰作，也是他引起人们不满而遭到不幸的开始。

伦勃朗是一个艺术的殉道者。他终生在阴暗的工作室里度过，不参加社会活动，不接受任何人的恩赐，也没有官职头衔。他酷爱艺术，不知足地收藏艺术品，以致债务缠身，被迫廉价拍卖一切珍品。他虽有过天伦之乐的幸福，然而妻死子亡，孤苦一人。尽管他身处困境，却决不肯追随时尚，改变格调，而是将艺术提高到心灵和精神的境界。他最后留下的一幅自画像，眼睛带着忧伤，满脸皱纹，但仍在自信地微笑。在他死后，经历了200多年的漫长岁月，这位伟大画家的真正价值才终于被发现，被肯定。

《克里斯蒂娜的世界》

怀斯（1917～2009）在美国是最受欢迎的画家，他以独特的面貌在美国画坛上保持着经久不衰的声誉。他生于1917年，从少年开始作画直至今日，一直运用写实手法，丝毫没有受到此起彼伏的现代派手法的影响。

怀斯的独特之处在于：虽然他的画是写实的，甚至照像般的逼真写实，但画幅中又蕴含着极强烈的主观感情，那是一种孤寂、惆怅又充满渴望的内心世界的展现。《克里斯蒂娜的世界》是他的著名作品之一。在一片空寂的田野上，有一个残疾少女，正吃力地朝远处的一幢屋子爬去。少女身穿粉红色的裙子。在一片枯黄的土地上显得很醒目，这个颜色象征着姑娘的内心对

《克里斯蒂娜的世界》

青春与美的渴望，这块有活力的颜色与她那瘦弱的身体形成一种令人伤感的对比。

画家有意把克里斯蒂娜置于一个荒无人烟的背景中，以一种强烈的聚焦作用，让观者全身心地去注意她的世界——一个属于内心的世界：一方面是孤立无援，另一方面是渴盼希求。尽管势单力薄，但她并没有放弃努力。这种满怀希望的情怀是人类生存中的光明面，使人很为这位姑娘感动。但空旷寂寞的背景和这弱小的生存者，又令人感到人生在世会有一种可望不可及的东西永远伴随终牛。因此人们必须希望，同时也必须忍受，忍受生活中赋予我们的一切。

怀斯的作品即是以这样深刻的内涵打动人心，以一种空寂的环境和孤独的个体，造成一种诗意的悲剧般的气氛。怀斯创造的这个世界给现代人带来无穷的意味。在美国，他是第一个出现在《时代》杂志封面上的画家，他的作品售价很高。

毕加索及其作品

西班牙艺术家毕加索（1881～1973）是现代艺术中的泰斗。其父亲是位艺术教师，毕加索从小就表现出非凡的艺术才能。

1901年他来到巴黎，加入一群流浪艺术家的圈子中，被当时巴黎艺术界所流行的刺激、兴奋的气氛所吸引。1907年《亚维农少女》一画使他自此成为西方现代艺术中最前卫和最富原创力的艺术家。尽管他保持着独立的个性风格，超越了任何派系艺术的范畴，但他一生的艺术实践，却曾成为好几个新运动的跳板。1909年，他创作了立体主义风格的《妇女头像》，它以量的节奏来重新组合一个头部，头部的体现呈现为一系列破碎的小平面，小平面间的关系体现了自由的节奏和多面视点。这件作品标志着一个重要的转折点，开启了现代雕塑史上强力、活跃、富于效率感的新风格接踵而至的新纪元。1914年他创作的《苦艾酒杯》又提示了另一条发展路线。这是一件集合雕塑，作品被涂以六种颜色，在最上面放一把真汤匙。这种集合物体的方式，后来成为20世纪雕塑的最重要的表达方式之一。

当他 1931 年迁居于一所乡间古堡里，有较大的空间可以做金属雕塑时，又创造了一种全然崭新的史无前例的艺术形式。这时期也是他金属雕塑作品最多的盛期。毕加索光华四射的创造性，使人们在现代雕塑史的各个阶段，处处感到他的存在。而毕加索雕塑的最大特征是一种神奇性和关于人性的幻想。他以惊人的想象力，投射到一切题材上，都能使它们体现出富于人情味的光彩。其雕塑反映了 20 世纪人类生气勃勃以及充满自信、乐观精神的一面。毕加索同时也是一位最具社会意识的画家。《格尔尼卡》就是他为了抗议 1937 年 4 月德国纳粹空军对格尔尼卡的残酷轰炸而作。

这幅巨型作品描绘了如下内容：左边是一只木然站立的公牛，它象征着残暴与黑暗。在它身下，是抱着死婴仰首恸哭的母亲和手握断剑倒毙地上的士兵。中央是一匹被刺穿肚子濒死嘶鸣的马，它象征悲惨的人民。马头顶上是一盏代表"夜之眼"的神灯在发光。右边是

《格尔尼卡》

两位惊恐的妇女，一位高举双手，狂叫求救，一位在拼命奔跑，在她们的上边是手举油灯、目瞪口呆的见证人。这里没有描绘飞机、枪炮和炸弹，却把战争造成的死亡与恐怖的景象展露无遗。画面已超越了对故事的表面描述，而融入画家对这一惨剧的内心体验。黑、白、灰是这幅画仅有的三种色彩，画家更以立体主义法则，将物象解体、扭曲，抓住了残酷、痛苦、恐怖、绝望的全部涵意，使画面产生强烈的情绪冲击力。

毕加索在漫长的艺术历程中，创作出无数杰作，《格尔尼卡》是其中最具代表性的，是毕加索初期、立体主义、古典主义、超现实主义等各个时代的集大成者。

鲁多维奇宝座浮雕

鲁多维奇宝座浮雕属于希腊雕刻艺术过渡时期（公元前499年～前450年）。这时期希腊艺术随着战争的胜利，从传统格局中解放出来，大胆发挥，自由构思，创造新的表现方法，为全盛期开路。

作品取材于神话，但它并没有把人们带到虚无缥缈的神秘世界里去。相反，它在人们面前展示的是活生生的健美人群，热爱生命的男女，是希腊人对美的理想。这浮雕是刻在当时人们使用的一种石制宝座上（因意大利人鲁多维奇发现它而得名）。宝座背面是美与爱之神阿芙罗蒂德从海中诞生的情景。人物的动作舒展、和谐。青年妇女的体态秀美，面部表情洋溢着纯洁与欢乐；衣纹随人体而展开，把人体表现得饱含青春美，并把海水的滋润感也隐约地显现出来。两侧浮雕，一个是着衣烧香女，另一个是吹笛裸女。构图极为舒适自然，造型简洁单纯，结构严谨，解剖准确，线条优美，引入入胜。它毫无冰冷的石壁感觉，而是栩栩如生的，温暖并带有弹性的人体。两块浮雕组成不同意境，女裸体是呈现出单纯、明亮的美；着衣女子则因优美、明快的衣纹线条造成柔和优雅的气氛。这极具魅力的作品，摆脱了古风时期僵死而冷峻的作风，给人以美好的精神享受。

埃及"斯芬克斯"像

在埃及平坦广阔的沙漠上，耸立着许多体积庞大、高耸入云的金字塔，它们是古代埃及国王——法老的陵墓。一座陵墓是一个建筑群，金字塔是它的主体建筑。在金字塔的旁边（一般是在东侧），还有祭庙和高大的狮身人面像，它们共同显示着法老生前的"无上权威"以及死后的"灵魂不灭"。

狮身人面像被希腊人称为"斯芬克斯"，它是由一整块巨石雕成。它雄踞在巍峨的金字塔旁，更为法老的陵墓增添一种超人间的威仪和神秘感。其人面一般为本陵墓的主人即法老的模拟像，这始源于图腾崇拜：把某种动物当成祖先或神来崇拜。把法老的面容雕在某种被崇拜的动物身上，则意味着法老是神的化身，借以显示无上权威。这其实不过是奴隶主阶级的一种伎俩，用以恐吓奴隶及其他劳动人民。

埃及最大的一座狮身人面像，座落在哈佛拉金字塔旁，约建于公元前2500～2300年，属第四王朝法老哈佛拉的陵墓建筑群。它高达20米，长57米，仅面部就有5米长。据说，它的人面具有法老啥佛拉的基本特征。由于雕像庞大，在雕刻中就必须注意整体效果而不能过于琐碎。因此，狮身人面像的艺术手法是在极其简括的结构起伏中，达到一定程度的写实，显示了埃及古代艺术家的高度技艺。修建陵墓建筑群所需要的难以想象的浩大工程，使它们成为古代埃及奴隶们艰苦卓绝的劳动纪录，成为奴隶劳动的纪念碑。雄踞在尼罗河畔的狮身

狮身人面像

人面像，虽然在那里默默无言，却显然是埃及奴隶制时代的残酷阶级压迫的有力见证者。

米隆的《掷铁饼者》

《掷铁饼者》就是现存流传最广的艺术杰作之一，是古希腊著名雕塑家米隆（约公元前480～前440年）的代表作。原作为青铜，作于约公元前450年的作品，正处于希腊雕塑艺术的全盛时期（公元前449年～前334年），艺术史上称为"古典时期"，大量优秀的雕塑作品出自这个时期。《掷铁饼者》原作已佚，现复制品高约152厘米，现在的罗马国立博物馆、梵蒂冈博物馆、特尔梅博物馆均有收藏。

《掷铁饼者》被誉为"体育运动之神"的雕像，它取材于希腊的现实生活中的体育竞技活动，刻画的是一名强健的男子在掷铁饼过程中最具有表

现力的瞬间：人体动势弯腰屈臂成 S 型。这使单个的人体富于运动变化，但这种变化常常造成不稳定感，所以作者将人物的重心移至右足，让左足尖点地以支撑辅助，以头为中心两臂伸展成上下对称，从而使不稳定的躯体获得稳定感。身体的正侧转动，下肢的前后分列，既符合掷铁饼的运动规律，又造成单纯中见多样变化的形式美感。整个形体有产生一种紧张的爆发力和弹力的感觉。形体造型是紧张的，然而在整体结构处理上，以及头部的表情上，却给人以沉着平稳的印象，这正是古典主义风格所追求的。米隆是位大胆进行艺术革新的雕刻家，他勇于探索和表现新而又难的雕刻技法，力图使和谐壮丽与逼真生动合二为一，他善于运用超群的

《掷铁饼者》

雕刻技巧表现运动中的人体，尤其是对激烈动势中的竞技者的人体均衡与静止的处理有独到之处，这充分表现在他的《掷铁饼者》中。虽然原作已经失传，但我们仍能从复制品中感受到那生命力爆发的强烈震撼。

这个作品是古希腊雕塑艺术的里程碑，显示出希腊雕刻艺术已经完全成熟。雕塑赞美了人体的美和运动所饱含的生命力，表现了作者高超的艺术技巧，同时也在艺术思想和表现力上有了一个质的飞跃。这尊雕像被认为是"空间中凝固的永恒"，直到今天仍然是代表体育运动的最佳标志。

雕塑杰作《断臂的维纳斯》

《断臂的维纳斯》也称《米洛的维纳斯》、《维纳斯像》等，是由古希腊的亚力山德罗斯于约公元前 150 年创作的，是举世闻名的古希腊后期的雕塑杰作，高 203 厘米，现收藏于法国巴黎卢浮宫。从雕像被发现的第一天起，就被公认为是迄今为止希腊女性雕像中最美的一尊。这尊雕像还是卢浮宫的三大镇馆宝之一。

维纳斯是罗马神话中的爱与美的神，也是象征丰饶多产的女神。古希腊神话中称为阿佛洛狄忒。传说她在大海的泡沫中诞生，在三位时光女神和三位美惠女神的陪伴下来到奥林匹斯山，众神被其美丽容貌所吸引，纷纷向她求爱。宙斯在遭其拒绝后，遂把她嫁给了丑陋而瘸腿的火神赫斐斯塔司，但她却爱上了战神阿瑞斯，并生下小爱神厄洛斯。后曾帮助特洛伊王子帕里斯拐走斯巴达国王墨涅拉俄的妻子、全希腊最美的女人海伦，引起希腊人远征特洛伊的 10 年战争。

《断臂维纳斯》正是这个代表爱与美的女神维纳斯的大理石雕塑，由两块大理石拼接而成，两块大理石连接处非常巧妙，在身躯裸露部分与裹巾的相邻处。1820 年米洛农民伊奥尔科斯在米洛斯岛上发现它。他试图将这尊雕像藏起来，但后来还是被一个土耳其军官发现了。当时法国驻土耳其的大使将它买下。现在这尊雕像在巴黎卢浮宫展出。

关于雕像为什么断臂有两种说法：一种是维纳斯出土时的双臂还是完整的，右臂下垂，手扶衣衫，左上臂伸过头，握着一只苹果。后来由于法国与英国争抢过程中双臂不幸被砸断，从此，维纳斯就成了一个断臂女神；另一种是维纳斯的雕像完成后，许多名人都说非常美，而最美的还是她的左臂，把所有的目光都关注在了雕像的左臂上，而作者当即敲断左臂，并说不能因为局部的美，而破坏了整体美。

《断臂维纳斯》身材端庄秀丽，肌肤丰腴，美丽的椭圆型面庞，希腊式挺直的鼻梁，平坦的前额和丰满的下巴，平静的面容，流露出希腊雕塑艺术鼎盛时期沿袭下来的理想化传统。她那微微扭转的姿势，使半裸的身体构成了一个十分和谐而优美的螺旋型上升体态，富有音乐的韵律感，充满了巨大的魅力。作品中女神的腿被富有表现力的衣褶所覆盖，仅露出脚趾，

《断臂的维纳斯》

显得厚重稳定，更衬托出了上身的秀美。她的表情和身姿是那样的庄严崇高而端庄，像一座纪念碑；她又是那样优美，流露出最抒情的女性柔美和妩媚。人们似乎可以感到，女神的心情非常平静，没有半点的娇艳和羞怯，只有纯洁与典雅。她的嘴角上略带笑容，却含而不露，给人以矜持而富有智慧的感觉。

尤其令人惊奇的是她的双臂，虽然已经残断，但那雕刻得栩栩如生的身躯，仍然给人以浑然完美之感，以至于后世的雕刻家们在竞相制作复原双臂的复制品后，都为有一种画蛇添足感觉而叹息。正是这残缺的断臂似乎更能诱发出人们的美好想象，增强了人们的欣赏趣味。雕像没有追求纤小细腻，而是采用了简洁的艺术处理手法，体现了人体的青春、美和内心所蕴含的美德。整尊雕像无论从任何角度欣赏，都能发现某种统一而独特的美。这种美不再是希腊大部分女性雕像中所表现的"感官美"，而是一种古典主义的理想美，充满了无限的诗意，在她面前，几乎一切人体艺术作品都显得黯然失色。

整个雕像的比例也是十分耐人寻味的。它接近于利西普斯所追求的那种人体美比例，而且，雕像的各部分比例几乎都蕴含着黄金分割的美学秘密。这正是古人对于人体美的赞颂和肯定，为后世的艺术树立了不朽的典范。

《巴尔扎克》雕像

《巴尔扎克》雕像是法国著名雕塑家罗丹（1840～1917）所作。

1891 年法国文学会委托罗丹创作大文豪巴尔扎克纪念像。罗丹抱着崇敬而郑重心情，决心要在这雕像中作出不寻常的业绩——再现伟大文学家的英灵。他不但阅读和采访有关资料，而且亲自到巴尔扎克的故乡考察，找到一位外貌特征酷肖巴尔扎克的模特儿，甚至煞费苦心地从曾为大文豪制衣的老裁缝那里找到准确的身材尺寸作参考，几年间易稿竟达 40 多次。

从罗丹留下的文稿中获悉，雕塑家要在作品中突出巴尔扎克写作构思的艰苦性和为勾画善良人民的心灵而鞠躬尽瘁的伟大精神，以及他豁达的胆略和气质而作了大量的准备工作。罗丹终于选择了作家习惯性地在深夜踱步构思的情景，他常穿睡袍的习惯给雕塑家提供了凝练而有力的外形轮廓。

《巴尔扎克》这一划时代的雕像摒弃了一切细枝末节，手和脚都掩没于长袍之中，从而将主题凝集在一目了然的几何形体之中，使观众注意力自然地集中到头部，只有巴尔扎克的双眼爆发着为不平世界伸张正义的火光。雕塑整体遒劲挺拔，洋溢着大师气宇轩昂的崇高气质和神韵。在这富有时代热情的夸张和变形中，罗丹以神似统治艺术效果，更重要的是为20世纪现代雕刻揭开了序幕，将卓越的西方艺术传统与当今时代风貌系上了纽带。此像安置于树丛的背景中，在月夜树叶的摇曳下，大师巴尔扎克似乎仍独自在人间踱步。

圣彼得教堂《哀悼基督》

这件群像雕刻是米开朗基罗（意大利著名雕塑家、建筑师、诗人和画家。与达尔文、拉斐尔并称"文艺复兴三杰）为罗马圣彼得教堂而作。它比他其他作品做得更完美和修饰得更好。

雕像取材于《圣经》传说，表现了圣母对自己的儿子基督的殉难，表示深切的悲痛与哀悼。通过这一题材，曲折地表现了作者对当时社会冲突的深刻感受。这种冲突即是作者在道德上的严格要求、他所同情的穷人和那富足的寄生阶级、教会的奢侈荒淫生活之间的冲突。这题材过去往往都用多人物群像构图来表现，而米开朗基罗则运用雕塑特有的高度集中的优点，选取两个人物来

《哀悼基督》

表现。构图呈三角形，稳定感很强。两个人物关系处理得极具匠心。圣母作为主要刻划对象，整个人物充满在全部构图中。动作不大，但每个细微动作都很典型。圣母形象的温文典雅，左手略向后伸开，表示难言之苦的手指稍张开表示持重；头向下俯视，好象陷入了深沉的悲伤中。圣母那下垂的视线，自然地使两个人物形象连接在一起。基督的身体横躺在圣母两膝之间，右手下垂，头向后仰，把死的形象很恰当地表现出来。他那后仰的头自然地让出了空间，使圣母的头部显得很突出。衣褶处理也起着烘托人物的作用。圣母身上繁复的衣褶形成暗重色调，衬出圣母清晰的面孔和基督的棵体，又使两个人物明显地区分开来。这是一件统一又变化丰富的群像雕刻。

《拉奥孔》群像

《拉奥孔》是希腊化时期杰出的群像雕刻，作于公元前 1 世纪。它以富有人情味的戏剧性情节和不寻常的构图著称。

拉奥孔是特洛伊的祭司，他曾警告人民不要将希腊人留下的木马拉进城以免造成死亡之祸。但神已决定毁灭特洛伊，痛恨拉奥孔破坏其预谋，于是神遣巨蟒缠死拉奥孔父子三人。这座神与人斗争的悲剧性冲突的雕像表现了被害者肉体上的极度痛苦。父亲突出于中央，表情异常痛苦且恐惧，左边的儿子已奄奄一息，右边的儿子也被蛇缠绕着，但却有逃出去的可能。构图呈金字塔形，既托出主题，又使形象饱满有力、稳重而富于变化，在巨蛇的缠

《拉奥孔》

绕扭动中，相互紧密联结组成一个运动不息的整体。

　　将《拉奥孔》与3000多年前的希腊盛期雕刻比较，显然，此时的希腊文化受了外来影响，雕刻也从专一于理想化神祇题材转向世俗的生活。希腊盛期的作品为了表现希腊人理想的英雄气概和女神优雅的婀娜多姿，总是着意保持整体静谧的和谐、匀称，追求其单纯的美感。雕刻家总是减弱表情的生理特征现象，不见明确的喜怒哀乐和体态表情，甚至人物在悲痛欲绝或剑拔弩张的紧张时刻，仍缺乏激动之情。而《拉奥孔》则以精湛的解剖知识渲染了受难者濒临死亡的最后挣扎，除面部和身姿的表情外，连手足姿势也冲破了传统的规范，像悲剧坤伶那样，表露得淋漓尽致，感人肺腑，不愧是富于表情性的经典之作。

青铜母狼像

　　青铜母狼像，不仅是一件古代艺术佳作，还是一个具有民族意义的纪念碑雕刻。

　　《母狼》至今被陈列在意大利罗马市某博物馆里，向人们叙述有关罗马起源的故事，尽管这仅是一个传说：在著名的特洛伊战争的年代，当特洛伊城被希腊人攻陷后，一些人逃跑出来，漂洋过海来到意大利，建立了亚尔巴龙加城。后来，一个叫侬多米尔的老国王，被自己的弟弟阿木留斯推翻，他的儿子被杀死。但是他的女儿为战神马尔斯所爱，生了一对孪生兄弟。阿木留斯叫人把他们放在篮子里丢进台伯河。篮子被树枝挂住了。当水退去时，一只母狼听到孩子的哭声跑来，慈爱地舔干了他们并用自己的乳汁哺养他们。不久，他们被牧人收养，并起名叫罗缪洛斯和雷默斯。长大后，

《母狼》

他们杀死了阿木留斯，并在台伯河岸建立新的城市。用谁的名字来命名新城呢？发生了争执。罗缪洛斯杀死了雷默斯，于是新城被命名为"罗马"。

《母狼》是公元前6世纪的作品。公元16世纪，人们又做了两个正在仰头吮奶的婴儿放在它的腹下。这只母狼基本上是写实的，但是通过艺术加工，它的形体结构更显得简洁浑朴，两排饱满的乳房垂在腹下，它歪着头立在那里，仿佛正在耐心地等待它的两个养子吃饱喝足。它的耳朵竖起来，嘴巴张开，眼睛瞪得很大，却并不给人狰狞的感觉，那样子像是警觉地望着前方，似乎在为孩子们保持着母性的警惕。艺术家赋予这只母狼很多的人情味儿和母爱的天性。

美国纽约《自由女神》

美国纽约港附近的自由岛上矗立着一座著名的雕像，她手持火炬，守望着这座大都会的日日夜夜，似乎整个纽约都匍匐在她的脚下。这就是自由女神像，是美国东海岸门户的象征。

观光的游人从神像底部乘电梯直达基座顶端，然后沿着女神像内部的171级盘旋式阶梯可以登上顶部的冠冕处。冠冕处可同时容纳40人观览，四周开有25个小铁窗，每个窗口高约1米。通过窗口向外远眺，东边可见有"钢铁巴比伦"之称的高楼大厦林立的曼哈顿岛；南边的纽约湾一望无际，波光船影相映；北边的哈得逊河逶迤伸向远方。

自由岛上的自由女神像

自由女神像自由的象征，这座雕像是1886年法国政府赠给美国的礼物。女神像高46米，连同底座总高约100米，是当时世界上最高的纪念性建筑，其全称为"自由女神铜像国家纪念碑"，正式名称是"照耀世界的自由女

神"。女神双唇紧闭，头戴
光芒四射的霞冠，身着罗马
式宽松长袍，右手高擎象征
自由的 12 米长的火炬，左手
紧握一部象征美国《独立宣
言》的书板，上面刻着《宣
言》发表的日期"1776 年 7
月 4 日"字样。脚上残留着
被挣断了的锁链，象征暴政
统治已被推翻。整尊雕像气
宇轩昂、神态刚毅，给人以
凛然不可侵犯之感。而其端

自由女神像头部

庄丰盈的体态又似一位古希腊美女，使人感到亲切、自然。塑像的基座是
一个大厅，1972 年美国联邦政府将其辟为移民博物馆。

　　自由女神像的产生源于法国人民对美国人民的敬意和希望。当时法兰
西学士院院士，史学家、著名的自由主义者拉布莱提议要在 1876 年美国独
立 100 周年之际，赠送美国一份与众不同的礼物，以此纪念美国独立战争期
间的美法同盟。法国美术协会会员、著名雕塑家巴陶第十分赞同这个提议，
并且产生了极大的创作热情。但赠送什么样的礼物呢？很显然，美国的胜
利是自由的胜利，所以这份礼物一定要是象征自由的礼物。于是巴陶第决
定塑造一座象征民主自由的塑像，并立即着手进行图样设计。

　　巴陶第是才华横溢的艺术家，并且酷爱雕塑艺术，在他 17 岁时曾亲眼
目睹了激动人心的一幕：1851 年，路易·波拿巴发动了推翻法兰西第二共
和国的政变。一天，一群坚定的共和党人在街头筑起了防御工事，与政变
者展开了激烈的巷战。暮色苍茫时分，一位忠于共和政体的年轻姑娘，手
持熊熊燃烧的火炬，跃过障碍物，高呼"前进"的口号向敌人冲去，不幸
饮弹，壮烈地倒在血泊之中。当时巴陶第正好在场，这一景象使这位年轻
的雕塑家心潮汹涌，久久难以平静。从此，这位高擎火炬的勇敢姑娘就成
了雕塑家心中追求自由的象征。更为巧合的是，就在巴陶第怀着巨大的创
作冲动进行草图设计时，他邂逅了一位叫让娜的姑娘。让娜长得端庄秀美，

仪态娴雅。巴陶第心中不由地一动，如果让面前这位姑娘为自己正在设计的自由女神像做模特儿不是再好不过了吗！令年轻的雕塑家感到由衷欣慰的是，让娜竟高兴地应允了这一要求。在以后的雕塑过程中，他们之间产生了纯洁的爱情，并最终结为一对美满的伴侣。现在的女神像，其形体就是以让娜为原型创作的，而神像的面容则是以艺术家的母亲为原型塑造的。

自由女神像的草图设计于 1869 年完成，而造像工程在 1874 年才开始动工，到 1884 年竣工，前后历时 10 年。在 1876 年，因为雕像还没有完成，所以巴陶第把雕像中擎着火炬的一只手臂模型送到了美国。这只手臂模型仅食指长 2.5 米，宽 1 米，指甲则有 25 厘米厚。由于它的巨大气势，立即成为美国人人争相欣赏的艺术珍品。后来，美国国会便通过决议，确定贝德罗小岛为建立女神像的地点，这座岛就是今天的自由岛。

1884 年 7 月 6 日，自由女神像正式赠送给美国。8 月 5 日，自由女神像底座奠基工程开始，基座高约 27 米，由花岗石混凝土制成。基座下面是打入弗特伍德古堡中心部位 6 米深处的混凝土巨柱。1885 年 6 月，整个塑像被分成 200 多块装箱，用拖轮从法国里昂运到了纽约。1886 年 10 月中旬，75 名工人爬上高高的脚手架，将 30 万只铆钉和几百个零件组合一处。28 日，美国总统克利夫兰亲自主持了自由女神像的揭幕典礼并发表了讲话。成千上万的人民群众簇拥在神像基座周围，怀着激动的心情有幸目睹了自由女神像第一次露出她庄严的面容和婀娜的身姿。1916 年，威尔逊总统为女神像安装了昼夜不灭的照明系统并主持了竣工仪式。1942 年美国政府做出决定，将自由女神像列为美国国家级文物。1956 年竖立神像的贝德罗小岛被改称为自由岛。雕塑家巴陶第也因其做出的卓越功绩被授予纽约市荣誉市民称号。

一个多世纪以来，耸立在自由岛上的自由女神像，已成为美利坚民族的象征，永远表达着美国人民争取民主、向往自由的崇高理想。

音乐篇

音乐是人们抒发感情、表现感情、寄托感情的艺术，不论是唱或奏或听，都内涵着及关联着人们千丝万缕的情感因素。音乐艺术既生动、鲜明，又飘渺、抽象；既无需借助诠释、译述而能给人以直接的感受，又往往令人觉得深邃高远、扑朔迷离，因而音乐作品具有常演常新的永恒魅力。

世界音乐之都

维也纳是奥地利的首都，早在 18 世纪，维也纳就成了欧洲古典音乐的摇篮。近 300 年来，维也纳先后涌现了海顿、莫扎特、贝多芬、舒伯特和施特劳斯等许多音乐巨人，他们在这里生活、创作，为后世谱写了无数优美动人的乐章。

大约在 1781 年，"交响乐之父"海顿和"音乐神童"莫扎特在这里结成了莫逆之交。两人相互影响，使得他们在音乐创作上都进入一个新的境界。若干年后，曾经受业于莫扎特的青年作曲家贝多芬也来到维也纳，他继承了前辈的艺术传统，以他充满热情的理想和对大自然、对整个人类博大的爱，创作了以《第九交响曲》为代表的多部震惊世界的音乐作品。音乐天才舒伯特在维也纳度过了短暂的一生，但他以独特的个性和惊人的乐思，谱写了 600 多首饱含着维也纳精神的歌曲和小夜曲，他的多产和成功，在世界音乐史上一直是个奇迹。后来的"圆舞曲之王"施特劳斯，感悟于维也纳的山清水秀，创作出了《蓝色多瑙河》、《维也纳森林的故事》等著名乐曲，开创了一种崭新的圆舞曲形式，使他成为又一享誉世界的音乐伟人。他们的成名影响了维也纳，维也纳也造就了他们的音乐天才。维也纳与这些著名音乐家的名字紧密相连。因为他们杰出的音乐实践，给后人留下了丰富的文化遗产，也给维也纳增添了耀眼的光辉。

在维也纳，无论你进饭馆就餐，还是到商店购物，到处都弥漫着轻松美妙的乐曲；无论你漫步在公园，还是徘徊于广场，到处都能看到巍然矗立的著名音乐家的塑像。有时，你走在行人如梭的人行道上，会看到一位衣着随便的业余琴手，倚墙而立，神情专注地拉着一支帕格尼尼的小提琴曲。聆听琴手纯熟的演奏，你不禁会为他那种不修边幅、对音乐执著而忘我的陶醉情景感动。每年的 5～8 月，维也纳都要举行盛大的国际性音乐节，世界各地的音乐游客，纷纷赶来欣赏世界一流的歌剧和音乐会演出。

世界瞩目的维也纳，几个世纪以来，都在吸引着全世界的游客。人们提起维也纳，无不满怀敬意地称赞："维也纳——世界音乐之都！"

巴罗克音乐

翻开西欧音乐史的巨幅画卷，沿着时间的长河溯源而上，我们就会发现，当中世纪文艺复兴的浪潮冲击了欧洲之后，欧洲音乐艺术进入了一个新的时期——巴罗克时期。

自 16 世纪末到 18 世纪中叶，巴罗克音乐风靡全欧，盛极一时，对整个西欧音乐的发展起了巨大作用。巴罗克一词源于建筑艺术，是指那种外观辉煌华丽、内饰细致精巧、情调热烈生动的建筑风格。后来巴罗克一词逐渐用于文艺和音乐，指那些与当时的建筑风格相一致的艺术作品的风格与特色。这样，巴罗克便成为 17 世纪一种新的艺术形式或风格的代名词。

在音乐上，巴罗克风格的作品具有以下特点：在题材内容上，它从歌颂上帝、赞美宗教转向世俗，面向人民，大胆地采用富于生活气息、富有戏剧性情节的题材；在风格情调上，它摒弃了崇尚宁静清高、质朴禁欲的宗教影响，转而表现欢乐明快、流畅生动的世俗情感；在体裁手法上，它突破了单纯的声乐体裁和单调的技法，而代之以声乐和器乐等多样化体裁，尤其是复调音乐在这一时期发展到了成熟的阶段，出现了像巴赫那样的一批复调作曲大师及作品。

这一时期，诞生了由意大利作曲家佩里创作的世界上第一部歌剧《达芙妮》。这部歌剧于 1507 年在佛罗伦萨贵族柯尔西的宫中内部演出。由于演出获得成功，1600 年佩里又受命为庆祝法国国王亨利四世与公主玛丽亚的结婚典礼，写了另一部歌剧《犹丽狄西》，相传这是有史以来第一部公演的歌剧。使意大利歌剧在 17 世纪臻于完美的是意大利作曲家蒙特维尔地。他在歌剧中首次利用乐器描写人物环境，并使每一个角色都有合乎自己性格的音乐语言和表现。在他的第一部歌剧《奥菲欧》中，已经使用了一个在当时条件下所能够组成的大型乐队。在意大利歌剧的影响下，法国也创作出自己的歌剧。代表作曲家是吕利，他的歌剧辉煌壮美，富丽堂皇。英国代表性歌剧作家是普赛尔，他的歌剧优美抒情，自然流畅。

除歌剧外，清唱剧和合唱音乐也有了很大发展。意大利作曲家卡瓦列里写的《灵魂与身体的表现》，是世界上第一部清唱剧。这时期在清唱剧创作上最有代表性的作曲家是德国作曲家亨德尔。

在巴罗克音乐时期，各种不同体裁的器乐作品获得了广泛的发展。室内重奏、大协奏曲、小提琴协奏曲、小提琴奏鸣曲，丰富多采，璀璨纷呈，大师辈出，蔚为大观，形成了器乐创作和演奏的黄金时代。尤其是由于在当时盛行于意大利宫廷的小乐队中，小提琴居于首要位置，因而出现了一批像维塔里、柯莱里、维瓦尔地、塔蒂尼这样的小提琴大师。维瓦尔地的标题性小提琴协奏曲《四季》（包括《春来了》、《夏天的雷雨》、《秋天的狩猎》、《冬天》），以诗意的抒情音调表现了各具特色的四季风光，至今仍流传于世。关于塔蒂尼著名的《g 小调小提琴奏鸣曲》，世上流传着一段有趣的传说：1713 年的一个夜晚，塔蒂尼创作了一首用双音和颤音技巧演奏的小提琴曲。深夜，当他在困倦中睡去时，朦胧中觉得有一个像魔鬼一样的人拿起他的小提琴恣意演奏起来，那奇妙的颤音和慑人心魄的旋律正是他梦寐以求的音乐效果。后来，作曲家把自己的这部作品称为《魔鬼的颤音》。这首乐曲至今仍是世界的小提琴名曲。

巴罗克音乐时期，在法国宫廷中最受偏爱的乐器是古钢琴。作曲家库泊兰和拉莫创作了许多具有鲜明的标题性和抒情风格的古钢琴小曲及组曲。库泊兰的古钢琴小曲《温柔的娜尼达》、《收割者》等，至今还具有艺术魅力。意大利那不勒斯歌剧乐派的代表人物 D·斯卡拉蒂和他的父亲 A·斯卡拉蒂就创作过 500 多首古钢琴曲。

代表巴罗克音乐高峰的作曲家是德国的巴赫和亨德尔。他们吸收、融会了各国作曲家的成就，使巴罗克音乐显示出高度完美的艺术境界，创造了巴罗克时代后期最灿烂的音乐文化。如果把中世纪以来的复调音乐比作金字塔，那么他们的音乐就是塔尖。

巴罗克音乐这一欧洲音乐史上的繁荣时期，既继承和发展了文艺复兴时期的优秀音乐艺术传统，同时也为迎接音乐史上的辉煌时期——古典音乐时期的到来，奠定了坚实的基础。

古典乐派

古典乐派出现在巴罗克音乐之后，它是 18 世纪至 19 世纪 20 年代以古典风格为创作特点的音乐流派，它包括德、奥的"曼海姆乐派"、"柏林乐派"、"早期维也纳乐派"、"盛期维也纳乐派"。

"曼海姆乐派"是 18 世纪中叶以德国的曼海姆宫廷乐团为中心形成的乐派，其代表人物是波希米亚小提琴家约翰·施塔米茨。这个乐派的主要贡献在于交响乐写作手法和管弦乐演奏风格上的创新，这些成就对海顿、莫扎特、贝多芬的创作有直接影响。"柏林乐派"是以前面谈到的"音乐之父"巴赫的儿子卡尔·巴赫为代表，于 18 世纪后半叶活动于柏林的一批作曲家的统称。卡尔·巴赫和他的父亲不同之处是，采用了以旋律为主的主调音乐写作方式。听腻了巴罗克音乐苍劲而过分理性化的多声部复调音乐之后，"柏林乐派"的歌唱性的主调音乐作品大受人们的欢迎。"早期维也纳乐派"则是以作曲家瓦根扎伊尔及蒙恩为中心形成的一个音乐流派。

一般所说的古典乐派主要是指盛期的古典乐派——即由海顿、莫扎特、贝多芬为代表的维也纳古典乐派。

古典乐派的创作思想与 18 世纪法国、德国启蒙运动以及 1789 年爆发的法国资产阶级革命的进步倾向有密切联系。在艺术上，古典乐派崇尚理性，强调逻辑，追求艺术形式的严谨性，音乐语言清晰简明而又富于表现力，音乐主题轮廓分明，各有特色。在创作手法上，注重戏剧性的对比、冲突和发展，继承和发展了欧洲传统音种的主调音乐因素（指突出一个声部担当主旋律，其它声部起着衬托作用的音乐形式），并确立了近代奏鸣曲式结

构和以这种结构为主要骨架的交响乐、协奏曲、奏鸣曲、各类重奏曲等器
乐套曲的体裁。

音乐史上出现了能够充分表现富于哲理性的、内容较深广的器乐体裁
和形式，对后来的音乐产生了深远的影响。

浪漫乐派

浪漫主义一词原指用罗曼语所写的故事，进而指欧洲中世纪那些情节离
奇、富于幻想、易于激起读者感情的骑士传奇以至后来的传奇小说等。音乐
上的浪漫乐派是指 19 世纪 20 年代到 20 世纪初的一批欧洲作曲家。比贝多芬
早一年出世的韦柏和晚一年去世的舒伯特是拉开浪漫派音乐帷幕的人。

浪漫乐派常被分为初、中、后三个时期。属于初期浪漫乐派（1820 ~
1850）的代表作曲家除韦柏和舒伯特外，还有贝多芬的晚期以及门德尔松、
肖邦、舒曼、柏辽兹等；属于中期浪漫乐派的作曲家是李斯特、瓦格纳、
弗兰克、布鲁克纳、勃拉姆斯、柴科夫斯基等；被列为后期浪漫乐派的作
曲家有普契尼、沃尔夫、马勒和理查、斯特劳斯等。

浪漫乐派的形成从政治上来看，是在法国资产阶级革命失败、欧洲封
建君主专制复辟的年代。19 世纪最初几年中，在拿破仑失败后的欧洲"复
辟时期"，反动统治是极端残酷的。希望破灭了，到处滋长着对现实的失望
和不满情绪。人们对资产阶级启蒙运动思想的局限性也已有所认识，对资
产阶级革命宣布的"自由、平等、博爱"等原则获得胜利已不抱什么希望，
这些思潮表现在艺术上就形成了一种不满现实、追求理想的浪漫主义，在
文学上如英国的雪莱和拜伦、法国的雨果和乔治·桑、波兰的密茨凯维奇、
匈牙利的裴多菲、俄国的普希金等；在美术方面如法国的雕刻家柳特、名
画《梅杜萨之筏》的作者籍里柯，创作了不朽的肖邦肖像的大师德拉克鲁
阿等。他们的作品都在不同程度上反映了当时欧洲知识分子强烈追求进步
的民主思想，以及对现实不满的苦闷和反抗。从艺术上讲则是对古典主义
发动的一次革命运动，主张打破传统形式，以强调表现人物的个性。

如果说古典主义注重理性的描写和典型化的表现，遵循传统的法则和
严格的形式，那么浪漫主义则偏重感情的传达，个性化的描写，喜欢热烈

而奔放的性情抒发；在题材上喜欢描写特殊的性格、生活的悲剧、异常的事件、异国的情调，因而也往往从莎士比亚、歌德、拜伦等文学家的作品中寻找题材，以表现其情感和幻想的主观世界。因此，抒情性、自传性、个人心理的刻划便成为浪漫乐派的主要特点。

浪漫主义乐派继古典乐派之后，无论在艺术与技术手法上都有许多创新。首先在形式上打破了古典音乐平稳的、程式化的限制，创造了带有即兴、幻想性因素的结构形式，如幻想曲、随想曲、夜曲等；音乐语言也有了更大的发展，尤其是扩大了和声的应用范围和强调了和声的色彩作用；扩大了乐队的编制，并使配器手法更为丰富多彩。它还更深地开拓了音乐标题性领域，强调音乐与诗歌、戏剧等艺术的结合，从而增强和扩展了音乐表现力及民族特性。

浪漫派的作家及其作品，由于继承了古典乐派的一切优良因素，并在这个基础上发展和丰富了音乐创作的内容与写作技巧。因此，从音乐史的发展看，浪漫乐派是有其积极影响与进步作用的。

民族乐派

民族乐派在19世纪中叶以后活跃于欧洲乐坛，是与资产阶级民族主义文化运动密切联系的一批音乐家。他们中的大多数人，政治上是激进的爱国主义者，同情或参加本国的资产阶级革命，具有强烈的民族意识；在艺术上又都主张创造出具有鲜明民族特性的新音乐，与曾经高度发展但已日趋保守的德国、奥地利传统乐风相对抗。

民族乐派的音乐家总是乐于采用本国优秀的民间歌调作为音乐素材，去表现那些具有爱国主义的英雄的主题，借以激发本国人民参加到反抗异族统治和本国封建统治的革命斗争中去。民主性、人民性、民族性，始终是他们艺术活动的鲜明标志。

优秀的民歌是植根于人民生活中的艺术之花，它浸透了人民群众淳朴、真诚的感情和独特、高尚的审美趣味。民歌在长时期的口头流传中，经过了无数民间音乐家的反复雕琢，艺术上也往往是尽善尽美的。民族乐派的音乐家们借助于这样的材料，来构筑新的音乐大厦，这就给他们的作品增添了活力，使他们从"传统艺术"、"正统音乐"的行列中，脱颖而出，显得生气勃勃，光彩照人，最终在音乐创作、表演及理论等广阔的领域中，造就了一场不可遏制的音乐革命。

谈到民族乐派，人们首先提到俄国的古典音乐奠基者格林卡及其后的"强力集团"——包括俄罗斯音乐家巴拉基列夫、鲍罗丁、穆索尔斯基、居伊及里姆斯基—柯萨科夫，他们又称为"五人团"。他们的创作使俄国音乐与欧洲各国的音乐相媲美。此外，捷克的斯美塔那和德沃夏克，匈牙利的艾凯尔，波兰的莫纽什科，西班牙的阿尔贝尼斯，格拉那多斯与法拉，挪威的格里格，罗马尼亚的波隆贝斯库等人，他们的音乐创作都是根植于本民族的民间音乐土壤上的，因而获得了丰硕的成果。

民族乐派的音乐家们把传统音乐的成果同本民族固有的音乐语言和题材结合起来，无论在歌剧中、在器乐作品中，还是在小型声乐作品中，都鲜明地体现了自己民族的特性。从 19 世纪中期开始，欧洲各国音乐家开展了广泛的民歌收集活动，如波兰的奥斯卡尔·奇鲁贝尔库，用 15 年时间收集了 2 万 5 千首民歌。民族乐派的作曲家创作的作品，不仅具有鲜明的民族风格，而且往往同民族的解放斗争联系在一起。因此，在东欧国家及其他国家，一部作品的创作或演出本身往往就是一场民族革命运动的斗争，它是以全民族的规模开展起来的。

民族乐派的作曲家，与中、后期的浪漫乐派处在同一个时期。从民族乐派总的风格来看，它是隶属于浪漫乐派的。只是由于民族乐派更加突出和强化本民族音乐的特点，而被划分出来单独称之为民族乐派。

印象派音乐

19 世纪末 20 世纪初，浪漫主义乐派从成熟时期转向发生复杂变化的时期，一种新的音乐流派——印象派由此兴起。印象派音乐同上一章论述的民族乐派一样，都是从浪漫乐派中分化出来的，它可以说是浪漫乐派的尾声。

印象派音乐的创作思想是浪漫主义乐派的延续，它继承了古典乐派以来各乐派的一些优良传统。但是，它也具有一些新的特色。在音乐的表现方法上，创造了新颖的音乐语言和独特的表现技法。尤其是在和声方面，突破了统治欧洲音乐达 150 年之久的大、小调体系的束缚，确立了以色彩表现为主的新风格。它在创作题材上，往往选自诗情画意和自然景物，以音乐作为手段，描写音乐以外的事物或故事，以及富有诗意的感情或气氛。它在承认音乐"模拟"作用的前提下，视音乐的描绘作用重于叙事，感性力量重于理性，色彩功能重于结构。他们十分注意表现自然界光和色的变化，特别是力图用音乐把视觉所感受不到的其他细微感受和内心的印象细致地表现出来，从而创造出一种色调明快、气韵生动、乐思飘渺、配器精妙、和声纤巧的音乐。

印象派音乐以法国为中心，它的主要代表是法国的德彪西，杜卡（1865~1935）、普赛尔（1869~1937）、史密特（1870~1958）、拉威尔（1875~1937）；英国的戴流士（1862~1934）；意大利的雷斯皮基（1879~1936）；西班牙的德·法拉（1876~1946）。在他们的作品中，都可以看到采用印象派作曲技巧的倾向。

印象派音乐家由于热衷于表现自然的景色，很少触及社会生活，特别是普通人民的生活，因此，他们的音乐作品往往表现出消极的情绪，脱离现实的斗争。它作为一个音乐艺术流派，产生的年代较晚，经历的时间也较短，但它对以后的音乐创作，仍有一定的影响。

"乐圣"贝多芬

贝多芬（1770~1827）被称为世界音乐史上最伟大的作曲家。他生于德国波恩的一个平民家庭，父亲为一宫廷歌手，企望把贝多芬培养为莫扎特式的"神童"。贝多芬 4 岁便开始学习音乐，8 岁开始演出，同时负起养家糊口的重担。11 岁以演奏钢琴即兴曲初露头角。后来他到维也纳深造，艺术上进步飞快。25 岁以后，其作曲家的声誉蒸蒸日上，逐渐成为维也纳上流社会的著名人物。

贝多芬在政治上信仰共和、崇拜英雄，创作了大量具有划时代意义的优秀作品，如《第三交响曲》（英雄）、《第五交响曲》（命运）、钢琴奏鸣曲《悲怆》《月光》等等。36 岁时他两耳渐聋，但孤寂的生活并未使他沉默和隐退，他反而对不幸命运的考验报以强烈的抗争。在此期间他又创作了《第六交响曲》（田园）、《庄严的弥撒》、歌剧《费黛里奥》、钢琴奏鸣曲《华尔斯坦》、钢琴协奏曲《皇帝》等。在一切进步思想都遭禁止的封建复辟的年代里，他依然坚守"自由、平等"的政治信念，通过言论和作品，为共和理想奋臂呐喊，晚年写下了不朽的名作《第九交响曲》，使交响曲成为直接反映社会变革的重要音乐形式。

贝多芬的音乐风格多种多样，个性鲜明，不同的乐曲给人以不同的感受，有的气势宏伟，如《第九交响曲》；有的使人热血沸腾，如

贝多芬

《第五交响曲》《热情奏鸣曲》；有的则是和平的、牧歌式的，如《第六交响曲》。他初期作品注重形式，吸取了古典主义精华，中期作品则表现出强烈的个性，开辟了浪漫主义音乐的道路，因而被称为"集古典主义音乐之精华，开浪漫主义音乐之先河"的作曲家。

"音乐之父" 巴赫

巴赫（1685～1750）被誉为近代西洋音乐的鼻祖。他生于德国爱森纳赫的音乐世家中，由于环境的熏陶，早年就精通管风琴的演奏技术。15岁起独立谋生，后来又在北德等地工作，历任多处教堂和宫廷的乐长及管风琴师，晚年主要从事创作活动，作品共有59卷，其中包括为星期日做礼拜而写的300篇康塔塔。

巴赫是最先将十二平均律用于创作实践的作曲家，它不仅扩大了调域的应用、转调的自由以及丰富了音乐语言和写作手法，并对以音乐的科学理论取代音乐理论的神秘主义，也有重大贡献。

巴赫的音乐富于哲理性，具有沉思冥想的性质和内在的思想情感。其音

乐有鲜明的个性，不论是悲剧性、戏剧性或各种生活风俗性的描绘还是丰富的内心刻划，都达到了深切感人的境地。他作品中的不少悲剧性的乐章，深刻地反映了当时德意志人民的苦难、挣扎、期望，体现出纯朴、坚强的性格以及对光明、幸福的追求。坚实、宏大是巴赫音乐的基本性质，他的音乐常在充满压抑的气氛中，呈现出一种坚持不懈的倔强。

巴赫的音乐创作标志着德意志民族音乐的开端，对后世音乐的发展有深远影响。莫扎特、贝多芬、舒曼、门德尔

巴　赫

松、肖邦、德彪西等都从中吸取精髓。因而，巴赫及其音乐不仅是他以前音乐成就的集大成者，更是他以后音乐发展的启迪者。

宗教音乐的顶峰

受难曲又翻译成受难乐，大型声乐曲。以四福音书中记载的主耶稣受难的过程为内容，从最后的晚餐起一直到被钉十字架。最早的受难世以格里高利圣咏组成，用戏剧形式演出。到 15 世纪，复调音乐代替了圣咏。

《马太受难曲》是德国作曲家，伟大的"西方音乐之父"约翰·塞巴斯蒂安·巴赫（1685～1750）于 1724 至 1727 年间创作的一部宗教音乐作品。巴赫的音乐是跨越圣咏时期、文艺复兴时期以至于古典时期的集大成者，又是浪漫主义时期的出发点，启蒙精神在他的音乐里表现为对信仰的崇敬、对生命的眷恋、对生活的热爱。《马太受难曲》是饱含对人类的热爱的史诗性作品，被人们称为"现存宗教音乐的顶峰"。

《马太受难曲》整部作品结构宏大，共有 78 首分曲。分为两大部分：第一部分有 35 首，描述了耶稣被门徒出卖和最终被捕的过程；第二部分有 43 首，描述了耶稣受审，被钉十字架和被埋葬等场景。作品内容采自圣经《新约全书》中的《马太福音》，描写的是耶稣被出卖、受刑、死去和复活

的情节。《马太受难曲》虽有一定的情节性，但是音乐所要表现的不是戏剧化的情节，而是史诗性的崇高精神。在受难曲里，情节性内容都由男高音的宣叙调唱出，有点像旁白，但又不完全脱离出音乐主体。情节叙述之外，合唱和乐队展开悲哀的沉思和激动的抒情，歌颂对人类的热爱和自我牺牲精神，表达对人生苦难的关怀和对崇高精神的追求。

巴赫的《马太受难曲》不是用作舞台演出的，它是用来配合教堂礼仪穿插的音乐，是实用性音乐。但是巴赫写受难曲并不遵循宗教音乐的传统和戒律，他借鉴意大利歌剧的咏叹调和宣叙调，更多地使用器乐，用人声与器乐展开协奏曲式的竞奏，这使音乐大大地增加了戏剧性色彩，表情非常丰富。

"交响曲之父" 海顿

奥地利作曲家海顿（1732～1809），孩提时代就显示出了出众的音乐才华。6岁时远离父母为一教会合唱团唱弥撒曲，同时艰辛学习，"鞭挞多于膳食"。17岁时因变声被解雇，开始了一贫如洗、倍尝辛酸的生活。23岁时，他的第一部《降B大调弦乐四重奏》问世，几年后创作了《第一交响曲》。在他一生中，共创作了150首交响曲、80多首弦乐四重奏、52首钢琴奏鸣曲、20余部协奏曲及18部歌剧、8部清唱剧和12部弥撒曲等。

海 顿

海顿在音乐史上占有重要地位，首先是因为他在交响曲上的成功。他继承先辈的成就，确立了交响曲的规范，故而被称为"交响曲之父"。他开创了交响曲的新的主调音乐风格，摒弃了古老复调中那种拘谨而神秘的性质而代之以率真、生动的音乐语言。他的交响曲具有鲜明的形象，能使人联想起日常生活的许多现象，人们据此给他的交响曲标以别名，如《母鸡》、《熊》等。海顿也赋予他的弦乐四重奏以更生动的节奏活力、更丰富的和声华彩，使主题带有浪漫主义性格和浓郁的民间特色，可与"伦敦交响曲"相媲美。

海顿的音乐之所以具有不朽的价值，是因为它面向现实，面向人生，气息清新，朝气蓬勃，令人受到鼓舞；也因为它在作曲技巧上奠定了欧洲古典时期的交响曲和室内乐的规范，从而形成了德奥音乐经久不衰的优良传统。

"神童"莫扎特

著名作曲家莫扎特（1756～1791），出身于奥地利一位宫廷乐师的家庭。3岁时就显露了极高的音乐天赋，4岁随父学钢琴，5岁开始作曲，由奥地利著名学者克歇尔编目的《第一号小步舞曲》就是莫扎特5岁时的作品。6岁时与父亲开始了历时10年的旅行巡回演出，在音乐之都维也纳，取得轰动全城的成功。从此，莫扎特被人们奉为"神童"。7岁时，到德意志各城市举行了演奏会，法兰克福一则海报曾这样写道："不满7岁的男孩举行钢琴演奏会。其演奏极为熟练，可以在琴键上用布遮盖，动作准确，敏捷自如。"有时他还请听众提出一些主题，进行即兴演奏。

莫扎特

此后，莫扎特遍游欧美全境。在这期间，他不仅在艺术上获得了巨大成就，创作了20部交响曲、6部歌剧，而且还学会德语、拉丁语、意大利语和英语。16岁时，莫扎特回到故乡，并任萨尔斯堡大主教宫廷乐师，后因不满于主教的凌辱，毅然向大主教提出辞职，到维也纳谋生，走上了艰难的自由音乐家道路。繁重的创作、演出和贫困的生活损害了他的健康，使他英年早逝，死时仅 36 岁。

莫扎特在短短的一生中共创作了 50 部交响曲、19 部歌剧，其中《第四十一交响曲》和歌剧《费加罗的婚礼》、《唐·璜》、《魔笛》等作品最为著名。此外，他还有许多钢琴曲和协奏曲。其创作成就遍及各个音乐领域。它们反映了 18 世纪末，处于被压迫地位的德奥知识分子摆脱封建专制主义的羁绊，对美好社会和光明、正义、人的尊严的追求。

他的音乐风格具有诚挚、细腻、通俗、优雅、轻灵的特征，大都充满了乐观主义的情绪，反映了上升时期的德奥资产阶级乐观向上的精神状态；在后期的创作中，也出现了悲剧性、戏剧性的风格，对社会矛盾的反映更趋深刻。其音乐作品成为世界音乐宝库的珍贵遗产。

"歌曲之王" 舒伯特

舒伯特

舒伯特（1797 ~ 1828）生于维也纳一个小学教师家庭。8 岁随父、兄学习提琴和钢琴，因家境贫困，11 岁时就参加了教会的合唱队，后又进入官办的天主教士学校学习。14 岁始创第一部交响曲。随后，遵父命在父亲主办的小学做助教。因为热衷于音乐，不久便脱离教职，埋头于作曲，直到辞世，年仅 31 岁。

舒伯特终生清寒，赖人救济而生活，但他给后世留下了大量的音乐财富，包括 600 多首歌曲、18 部歌剧、歌唱句和配剧音乐、10 部交响曲、19 首弦乐四重奏、22 首钢琴奏鸣曲、4 首小提琴奏鸣曲以及许多其他作品。在这数量惊人的作品中，最能显示其才能的是他首创的艺术歌曲。他的 600 多首歌曲其歌词来源于 18 世纪中叶至舒伯特逝世之间著名诗人的作品，尤以歌德的诗歌最能赋予他灵感。

他用富于表现力的旋律与和声来表达诗的境界。在他的歌曲中，抒情歌唱性曲调占有重要地位，但富于语言表现力的朗诵调，也起了很大作用，特别是在叙事歌曲《魔王》和戏剧性歌曲《普罗米修斯》里。

舒伯特歌曲中的钢琴伴奏，不仅对旋律起了陪衬作用，而且是创造特定意境的一种重要手段。此外，他的歌曲吸取了大量的民歌素材，旋律饱含着乡土风情，如《美丽的磨坊姑娘》、《摇篮曲》等已成为世界性的民谣，民众性正是舒伯特歌曲的精髓。总之。舒伯特在艺术上的成就是巨大的，他不愧为"歌曲之王"。

"钢琴诗人" 肖邦

肖邦（1810～1849）是世界著名的钢琴作曲家，生于华沙近郊。他从小喜爱波兰民间音乐，7 岁写了《波兰舞曲》，8 岁登台演出，14 岁开始出版第一部作品，不满 20 岁已成为华沙公认的钢琴家和作曲家。后定居巴黎时，被视为杰出的钢琴家与教师，倍受李斯特、麦亚白尔、柏辽兹等名家的推崇。

在肖邦 20 多年时间里所创作的近两百首作品中，几乎全是钢琴曲，这在音乐史上是罕见的。肖邦的作品大多具有爱国主义思想。其中有与波兰民族解放斗争相联的英雄性作品，如《第一叙事曲》、《A 大调波兰舞曲》等，有充满爱国热情的战斗性作品，如《革命练习曲》、《B 小调谐谑曲》等；有哀恸祖国命运的悲剧性作品，如《B 小调奏鸣曲》等；还有怀念祖国、怀念亲人的幻想曲、夜曲等。他多愁善感，忧国忧民，临终前还嘱咐死后将自

肖 邦

己的心脏运回祖国波兰安葬，这些爱国热情都曾倾注于他的艺术创作中。

肖邦作品的艺术特色，一是强烈地反映了波兰的乡土音调，二是作品速度自由。他的50多首玛祖卡舞曲，都是用地道的波兰"方言"书写的珠玉般的篇章，而每首乐曲的自由速度又是其作品的灵魂。肖邦对当时西欧在音乐创作手段方面获得的经验和成果有相当深刻的了解和掌握，并将它作为自己创作的起点，从而使自己的音乐成为同古典传统有深刻联系的严谨完整的艺术形式。但是肖邦又从来不受传统的束缚，敢于大胆突破传统，进行创新。这尤其表现在他深入地挖掘和丰富了诸如前奏曲、练习曲、叙事曲、夜曲、即兴曲、谐谑曲等一系列音乐体裁的潜在的艺术表现力，赋予他们以新的社会内容。他的旋律有高度的感情表现力，极富个性；他的和声语言新颖大胆，钢琴织体细腻而富于色彩。这一切因素融合在一起，形成了一种新颖的独特的"肖邦风格"，为欧洲音乐的历史发展作出了贡献。

"键盘魔王" 李斯特

李斯特（1811~1886）是19世纪欧洲乐坛上声名显赫的匈牙利钢琴演奏家和作曲家。他被称为钢琴上的帕格尼尼（帕格尼尼是世界著名小提琴演奏大师，被称为"小提琴之王"），历史上很少有人能与之匹敌。他的演奏震慑了亿万听众，并出现了许多有关他的神奇演奏的传说。

1823年在维也纳，贝多芬出席了李斯特的音乐会，亲吻了这个少年天才钢琴家的前额。1839年李斯特去普莱斯堡开演奏会时，议员们延期举行会议而赶赴演奏厅。他在布达佩斯举行演奏会后，手持火把的群众队伍从会场一直排到旅馆。在他离开柏林的那一天，国王和王妃为了观看狂热的人群，亲自乘马车在市内巡视了一周。1824年在名震巴黎的演奏会上，他所弹的协奏曲华彩乐段，竟是如此高妙，以致使乐队队员听得出神，连乐曲的终结都忘记演奏了，一时传为佳话。德国音乐家舒曼曾说过："这位艺术家好像统率着一支管弦乐大军，欢欣地领他们前进，他像统帅一样的威武，群众对他的喝彩声完全不亚于兵士对拿破仑的欢呼。"李斯特以他娴熟的技巧，全面、完美地揭示了作品的思想艺术主旨，以惊人的透彻力表达出那些名作的深刻内容和崇高意境。

李斯特不仅在演奏上获得"钢琴魔王"之称，而且是一位心胸开阔、富有涵养、人格崇高的艺术家。有关李斯特的传记中，谈到他为人重义轻利，待人热诚，总是用最愉快的笑脸与最温暖的同情对待友人。他是生来不知嫉妒的人，对于别人的成功，真心地庆幸；对于别人的请求，凡能力所及，无不尽力。他的收入大部分用在周济与布施上，科隆地方贝多芬纪念碑的建筑费用几乎全是李斯特捐赠的。1838 年 3 月，他在威尼斯演出时，得知匈牙利佩斯遭受特大水灾，立

李斯特

即赶到维也纳义演八场音乐会，募到巨款全部充作赈灾费。这是他的祖国获得的最大数目的个人捐赠。此外，华格纳、柏辽兹、肖邦等音乐家都在事业上、精神上、物质上得到过他的帮助。

李斯特在音乐史上最伟大的贡献是，创造了新的钢琴演奏技巧与新型的作品，他丰富而独特的表现手法，使钢琴音乐获得了管弦乐队式的效果，气势宏伟、热情磅礴。他的著名的 19 首匈牙利狂想曲（钢琴作品）是搜集了匈牙利民间音乐写成，这些作品不仅深受群众欢迎，而且成为后来民族乐派创作的先例。他的《B 小调钢琴奏鸣曲》以宏伟壮丽见称，他的《BE 大调钢琴协奏曲》整整写了 19 年，气势雄壮，手法新颖。

李斯特的另一个伟大贡献是，首创了交响诗这一音乐体裁（一种单乐章的具有描绘性或叙事性或抒情性或戏剧性的标题管弦乐曲，常取材于文学作品，内容富于诗意，为管弦乐创立了新的样式，为作曲技法开拓了新的道路，成为近代音乐的开拓者。他的 12 首交响诗是近代标题音乐的杰作。他将雨果、拉马丁、席勒、歌德等人的名作或名画加以音乐化，使用有鲜明性格的音乐主题来表现主人公或事件，并随着故事的发展将主题加以变化发展。此外，他还创作了交响乐，著名的有《浮士德交响乐》等。

约翰·斯特劳斯

奥地利音乐家约翰·斯特劳斯在 6 岁时就显示了他的艺术才华。然而，与所有音乐家的儿子不同的是，约翰·斯特劳斯的才华却受到父亲的压制和禁锢。老约翰·斯特劳斯甚至禁止儿子参与一切音乐活动，而且在儿子学习小提琴时，竟蛮横地用鞭子抽打他。当约翰·斯特劳斯将举行首次音乐会时，这位老音乐家在盛怒之下，宣布在同一天晚上自己也举行一场音乐会，同儿子相对抗。只是当他知道自己的音乐会远不如儿子的受欢迎时，才不得不作罢。他因此气闷成疾，并声言"但求速死"。这既反映了老约翰·斯特劳斯的荒唐可笑，也说明了小约翰·斯特劳斯的优异才能。

老约翰·斯特劳斯在维也纳同著名的圆舞曲作曲家兰纳一起，创作了一批别具一格、富有魅力的维也纳圆舞曲。之后，他单独率领乐队在巴黎、柏林、伦敦演出，取得辉煌的成功而被誉为"圆舞曲之父"。然而小约翰·斯特劳斯比父亲更胜一筹。1844 年 4 月，年仅 19 岁的约翰·斯特劳斯首次举行音乐会，他指挥乐队先演奏了法国作曲家奥柏的一首歌剧序曲，听众稀稀落落的掌声并没有使他沮丧，接着他演奏了自己创作的一支圆舞曲《母亲的心》，这是约翰·斯特劳斯献给他

小斯特劳斯

母亲安娜的作品，纪念母亲为浇灌他这棵音乐幼苗所倾注的心血。乐曲以清新明快的节奏、缠绵曲折的旋律，使听众欣喜若狂。而当他的另一支圆舞曲《理性的诗篇》演奏以后，听众简直如痴似醉。他们爬上椅子，挥舞帽子、披巾和手帕欢呼，掌声和喝彩声响成一片。这支圆舞曲竟然被要求

反复演奏了 19 次，真是盛况空前。一连好几个星期，在维也纳流传着这样的佳话："祝您早安——小斯特劳斯，晚安了——老斯特劳斯。"

1848 年 3 月，维也纳爆发了一场资产阶级民主革命运动，约翰·斯特劳斯怀着真挚的热诚站在革命者一边，并且穿上了维也纳公民近卫军乐队队长的制服，上街指挥演奏《马赛曲》，还写下了《自由进行曲》、《大学生进行曲》、《街垒之歌》、《革命进行曲》等带有革命标题的音乐。然而，起义失败了，革命的热情在他身上逐渐淡漠，而国内外的难以胜计的邀聘又接踵而至。在此之后，他写下了著名的圆舞曲《蓝色多瑙河》（1867 年）、《维也纳森林的故事》（1868 年）、《春之声圆舞曲》（1885 年）、《皇帝圆舞曲》（1863 年）等名作。

对于约翰·斯特劳斯来说，1872 年的美国之行是他作为圆舞曲作曲家创作生涯中的最高峰和转折点。他在 10 多万观众面前，指挥 2000 人的乐队和 2 万人的合唱队"大军"，他站在面对"大军"的一个了望塔式的高台上，由 100 名指挥作助手。炮声响了，标志着演奏的开始，100 名助手用望远镜注视着约翰·斯特劳斯的动作，然后依样转达给他们每人所辖的演出人员。遇到强拍时，整个乐队就像大炮似的轰鸣，使 10 万听众兴奋得大声叫嚷。然而就是在这里，约翰·斯特劳斯看到了这种"娱乐音乐"在音乐艺术的发展上，是没有什么前途的，它的"艺术成就是谈都谈不到的"。因此，在最后 30 年创作生涯中，他把全部精力放在轻歌剧创作上。他的不少著名圆舞曲就是轻歌剧中的一部分。如《好朋友圆舞曲》是著名轻歌剧《蝙蝠》中的音乐；《南国的玫瑰圆舞曲》则选自轻歌剧《女王束带里的手帕》。他的轻歌剧欢快、热情、幽默，富于旋律性。在这些轻歌剧中，约翰·斯特劳斯注意通过轻快的音乐，表现某些哲理性的问题，如在《蝙蝠》中，女仆比女主人和侯爵要聪明；在《茨岗男爵》中，将普通人民和贵族相对照；在《威尼斯之夜》中，将公爵与劳动人民相对照，反映了人民的聪明才智和资产阶级社会的腐化。

约翰·斯特劳斯是一个出色的作曲家，在他富于魅力的音乐中，反映出奥地利人民性格的最诚挚、最动人的特征。但他对于社会问题的认识是肤浅的，因而他的作品缺乏深刻的内涵。

"印象派"德彪西

德彪西（1862～1918）生于巴黎近郊。11岁进入巴黎音乐学院学习，一直是位才华出众的学生。22岁时以《浪子》大合唱荣获罗马大奖，被送往罗马留学。之后，德彪西同许多从事印象派绘画和象征派文学的朋友交往，从中受到启发，突破陈规，开创了音乐上的印象派。

他的作品多以诗、画、自然景物为题材，而着意于表现其感觉世界中的主观印象。他发挥声音"色彩"的表现力，常运用五音阶、全音音阶、色彩性和声与配器，如平引和弦、泛音效果等，以造成朦胧飘忽、空幻、幽静的意境。德彪西的第一部印象主义作品，是1892年根据象征主义诗人马拉美的诗歌创作的管弦乐曲《牧神午后》，以细腻的笔触渲染出朦胧的气氛，描写半人半羊的畜牧之神，在树丛中半睡半醒，金色的阳光使他迷朦，恍惚中好像看见一群仙女……这首交响诗展开了种种幻觉。

德彪西

在钢琴创作上，德彪西同样充分地发挥了印象主义技法，他把每首乐曲的印象作为标题注入各曲目的尾部，给予演奏上的暗示，如"雪上的足迹"、"亚麻色头发的少女"等，主要作品有《意象集》、《版画集》、《前奏曲集》。德彪西也写过清唱剧和歌剧。一次大战期间，其创作风格有所改变，曾站在民族主义立场上，写过一些同情人民苦难的作品，但不久身患癌症辞世。

总的说来，德彪西的创作视野较狭窄。对自然景物画面的描绘引起人们遐想的声音，对早已消逝的梦境的回忆以及某些生活场景的再现等，是他作品内容的主要领域，且达到了那一时代的最高成就，其首创的印象主义风格，对欧美各国音乐产生了深远的影响。

马勒的《D小调第三交响曲》

奥地利音乐家马勒（1860～1911）所作的《D小调第三交响曲》是古典交响曲中最长的一曲。该曲创作于1895与1896年的夏季，是讽刺与感情的特殊混合物。因为马勒在创作第三交响曲期间，曾与一位名叫娜塔丽·鲍雅·里希纳的中提琴手成为要好的朋友。创作过程当中，马勒没有透露创作内容给公众，反而透露予鲍雅·里希纳。由此可见她对马勒第三交响曲有着极深远的影响。

马勒说："这部作品实际上是反映了整个世界，在这上面，人不过是一件乐器，宇宙本身用这件乐器在演奏。"马勒自称此作为"怪物"。首先是因为作品时间出奇的长，仅第一乐章就历时45分钟，远远超过了贝多芬第五交响曲的全部；其次是感情上的异乎寻常的对比。马勒的第三交响曲共分六个乐章，打破了"四乐章"的常规。第一乐章作为全曲的第一段落，其余五乐章作为第二段落。第四乐章有女低音独唱，第五乐章以童声合唱开始，童声摹仿着快乐的钟声"叮咚、叮咚"，女声合唱继之而起，唱出"受苦难的孩子们行乞之歌"。六个乐章演奏完成约需要1小时34分钟。

马 勒

此交响曲由于乐段极广及其人物、构造相差异之缘故，跟交响曲极不相似，然而又在马勒众多作品当中独树一帜。以"跟该首交响曲一样概念奇异"见称的首段乐章，描绘出原始时期牧神苏醒为引子，堪称19世纪最长奏鸣曲式单一乐章；该处又有一个极美妙的次中音长号所形成之清晰音节，并于后期形成；由此处开始（包括明显地出现之长度），每处都出现创新的地方。

然而在终结部分，马勒却在此揭示了他天才的身份以示混淆心灵。此段富有建设性的地方，莫过于半音阶的洪亮的弦乐部分所形成的清新愉快乐章。其后的结束位置，也同时出现富有情感及点到即止的乐段，并以不断重复的 D 大调及连续敲响定音鼓作结。

第三号交响曲虽然阵容庞大而且演奏时间极长，但近年却吸引不少顶级乐团尝试征服这首乐曲，现在现场演奏机会比起 20 世纪前期及中期更多。另外由于马勒曾于第二号交响曲的第一乐章结尾处标示"需休息五分钟"，因此曾经有一些现场版本同样于第一乐章后加插短暂的中场休息，不过现在多为一气呵成地演奏，或只作很短暂的休息。

柴可夫斯基与《第六交响曲》

《第六交响曲》是俄国作曲家柴可夫斯基（1840～1893）创作的一部具有世界影响的佳作，也是他六部交响曲中最有名望的一部。这部交响曲（通常称为《悲怆交响曲》）之所以赢得了世界人民的喜爱，是因为它揭示了人生的命运。

柴可夫斯基是 19 世纪俄罗斯知识分子阶层的代表人物之一，他的内心世界正反映了那个黑暗统治时代的人民的心声。富有强烈的对美好生活的渴望与追求的美梦；终因沙俄暴政的统治而毁灭。悲壮的热情、苦闷的心灵、忧虑和徘徊，这些低沉的情绪成为部分知识分子戏剧性的内心冲突。柴可夫斯基用音乐的语言使人们感受到了那些心灵的真实，从而受到极大的感染和满足。

柴可夫斯基

这部交响曲共分四乐章。在奏鸣曲式的第一乐章中，不长的引子之后出现主部的主题：它们在激烈的滚动中交织、溶化成一曲扣人心弦的悲歌，使人的心灵颤抖、焦虑、不安。虽然在副部出现了暂时的安静，抒情的主题仿佛是对美好未来的幻想，然而好景不长，在矛盾的冲突达到顶点时，一切幻想都被摧毁在"圣者的安息"的乐声中，死亡的命运不可避免。它不仅表现了俄国人民矛盾的内心世界，也象征着俄国统治者的必然灭亡。第二乐章是带有抒情感的圆舞曲调，开始时有如令人肠断的怨诉，一切都沉寂下来，死亡的形象又展现在眼前，预示悲剧的到来。在乐曲的中段，果然出现了无穷尽的忧伤、叹息、凄凉、呻吟的音调，时强时弱，时隐时现，然后乐队奏出向死亡挑战的抗争。第三乐章由弱至强，不断变换、重复，最后由乐队的全奏再现，显示了人生的强大威力。第四乐章中，作者为了表现极大的悲痛和哀鸣，采取了一个缓板。哀叹、哭泣聚集到一起，发出了悲惨的哀鸣、绝望的呻吟。痛苦和激动互为交融，发展为一首悲愤的人生之歌。这部伟大的艺术作品，意境深远，结构严谨，感人至深。柴可夫斯基无保留地倾诉了他的内心世界，忠实地反映并无情地控诉了那个会人窒息的时代，从而使之成为一部不朽的杰作。

柏辽兹与《幻想交响曲》

柏辽兹

法国作曲家柏辽兹（1803～1869）有一部闻名于世的杰作，就是《幻想交响曲》。它也是法国浪漫主义标题交响曲中最有特性的作品。

《幻想交响曲》其实是一部自传性的交响曲。1830 年柏辽兹冈迷恋一位莎士比亚戏剧艺术家哈利艾特·史密苏，但遭拒绝，陷入无比的绝望与忧郁之中，整日漫无目的地漫游于巴黎街道与城郊的田野之中。然而，就"在他病态的脑海里产生的知觉、感情和记忆，都变成了音乐的形象和乐思，那位他所爱的女人本身也变成了一个旋律"（柏辽兹自叙）。

他决定"要写出最伟大的交响曲"。交响曲共分为五个乐章，每个乐章都有附加的小标题。第一乐章——"梦幻·热情"，是一个描绘他迷恋情人的"固定乐思"。被人称为是"青年柏辽兹的灵魂"，整个音乐生动地刻划了一个失恋青年的烦躁不安、忧郁的渴望、苏醒了的爱情和宗教安慰的心理形象。第二乐章——"舞会"，采用了圆舞曲的风格写成。乐曲潇洒而优美，旋律线条柔和而细腻，描绘了舞厅豪华的情景。中间部分用固定乐思写成，表现他情人的出现。第三乐章——"田园景色"，描绘了一幅秀丽的音乐风景画："夏日的傍晚，两个牧人在一唱一答地奏着瑞士牧歌的田园二重奏……"这是柏辽兹最富诗意的创作之一。但主人公的心情是空虚的、孤寂的，他到大自然中去寻求忘怀与平静。第四乐章——"赴刑进行曲"，写的是押赴刑场的行列在进行。这里有沉重的脚步声，阴森凶险的气氛以及高声的嘶喊声，惟妙惟肖，引人入胜。第五乐章——"妖魔夜宴之梦"。

这段音乐是浪漫主义地描写怪诞、离奇、丑恶的一部典型作品，具有强烈的诙谐性。可以说，《幻想交响曲》是柏辽兹的一部惊人杰作。目前这部交响曲已成为世界交响音乐文献中的一块瑰宝，经常为人演奏，长盛不衰。

《国际歌》

《国际歌》由欧仁·鲍狄埃作词，比尔·狄盖特作曲。

1871 年 5 月，法国巴黎公社因遭到资产阶级的血腥镇压而失败。6 月，公社委员、法国无产阶级诗人欧仁·鲍狄埃写下了这一震撼世界的不朽诗篇，以国际工人协会的简称国际来命名，并于 1887 年发表。

1888 年 6 月，法国无产阶级作曲家比尔·狄盖特看到歌词后，激动不已，为之谱了曲，并公开演出。19 世纪末开始用于国际无产阶级的隆重集会，并传播于全世界。

1917~1944 年前苏联采用为国歌，歌词用原诗的 1、2、6 段。1920 年我国文学家郑振铎根据别人口述将歌词译为中文，1923 年起从俄文转译的歌词传唱于中国，1962 年又经订正。歌词概括了马克思主义的基本立场和观点，反映了被压迫人民的革命觉醒，表现了无产阶级为解放全人类而团结起来进行斗争的无穷力量和坚强决心。

歌曲用战斗的音调，将共产主义的伟大理想传遍了全世界，是鼓舞人们向黑暗的旧世界猛烈冲击的战斗号角。列宁在评价《国际歌》的政治意义时指出："公社被镇压了……，但是鲍狄埃的《国际歌》却把它的理想传遍了全世界，在今天这首歌比任何时候都更有活力。"

《莫斯科郊外的晚上》

前苏联著名作曲家维约夫·谢多伊最擅长用歌曲这一艺术形式来抒发他对夜色的感受。1941年8月作曲家创作了描写海港夜色的歌曲《海港之夜》，深受人们欢迎，并为此于1943年荣获斯大林文艺奖。15年之后，脍炙人口的爱情歌曲《莫斯科郊外的晚上》诞生。

这首歌曲为"分节歌"，只有16小节，包括四个短的乐句，形成起、承、转、合的曲式结构，具有小调性色彩的动人旋律。歌曲的第一个乐句颇为简朴，素雅。第二个乐句显得色彩明亮，富有动力。第三个乐句的色彩与前一个乐句形成鲜明的对比。最后一个乐句旋律又回到主三和弦上，并以主音La结束全曲。歌词分为四段。

前两段写景，一开始就把我们带入了"深夜花园里四处静悄悄，只有风儿在轻轻唱"的特定环境中，这正是恋人相会的好地方。接着，歌词又对轻风、明月和水波加以艺术的描绘，从而展现了一幅安谧、动人的夜景。后两段歌词抒情，以第一人称的写法，把男女初恋时那种"我想开口说，但又不敢讲"的羞涩与矛盾的心境，坦露在人们眼前。最后，以"但愿从今后，你我永远不忘莫斯科郊外的晚上"一句歌词，画龙点睛地直扣歌题，令人遐想，回味无穷。此歌曲是作曲家与诗人马图索夫斯基共同为苏联斯巴达克运动会的纪录影片所作的的四首插曲中的一首。在该影片放映后，它很快风靡全苏。

1959年，这首歌曲荣获苏联最高创作奖——列宁文艺奖。它几乎被译成世界各国的语言被人们传唱。此外，它不但以独唱、重唱、齐唱、合唱等形式出现，而且还被改编成钢琴曲、小提琴曲、管弦乐曲、爵士乐曲、迪斯科及某些民族的器乐曲。莫斯科广播电台还用该歌曲的开始句为广播呼号，通过广播通讯卫星，每天向地球各个角落发射。

《红河谷》

在美国的南部有一条美丽的红河，然而，当初它曾是等待开发的处女地。那时，有一首当地的民歌这样唱着："野牛群离草原无踪无影，它知道有人类要来临。大地等人们来将它开垦，用双手还给它新生命。"这就是流行在美国南部，又一度在纽约百老汇大剧院风行的《红河谷》。

《红河谷》只有两段唱词，另一段颇有乐观情绪与召唤力——"草原上将盖满金色麦穗，大城市过不久就建起。欢迎你，各民族姐妹兄弟，来到这美好的新天地。"每段四句歌词及其音调，组成了方方整整的起、承、转、合的结构形式。这四个乐句，都从四拍子的最后一拍"弱"起，其形式严谨对称，但却不古板。它歌颂了美丽的红河谷，给以热爱大自然、热爱生活的感受。

这首民歌，由于它那质朴的韵味，从而得到了美国人民和世界其他国家人民的喜爱。如今，它已收入《美国歌曲宝库》一书，美国加利福尼亚州教育部于 1967 年出版的带有音响录音的音乐教科书《音乐探索之五》，也把它作为美国著名的民歌收入。此外，《红河谷》在我国流传很广，也曾有过数种新填的歌词。

《桑塔·露琪亚》

"看晚星多明亮，闪耀着银光，海面上微风吹，碧波在荡漾……黑夜前到我小船上。"《桑塔·露琪亚》这支歌像船歌那样不断地晃动，描绘出一片心摇神荡的迷人的图画。

这首歌的节奏既像船歌，又像摇篮曲，运用波浪式旋律线上下起伏的歌声，在风平浪静的微波上荡漾。歌曲的音调规整而又对称，宛转而又动听。每句歌词配有两小节长短的音调，基本上用节奏相同、音乐素材相似的成双的乐句组成。歌曲的前四句，是对海面上宁静夜色的描绘，是对生活和大自然迷人景色的歌唱；后四句的音调翻至高音区，显得格外豪放，唱出了船上的人儿对岸上人们的召唤，抒发了人们对桑塔·露琪亚（原指那不勒斯的守护神）海面那迷人景色流连忘返的情感。

《桑塔·露琪亚》经过 130 多年的传承，已从那不勒斯通俗歌曲演变为意大利创作民歌，并早已成为世界各国人民最喜爱的歌曲之一。世界各国的歌唱家也几乎都把它当作必唱歌曲和音乐会上的保留曲目。

美国爵士乐

爵士乐首先是一种跳舞音乐。其次，并非根据演奏什么曲子，而是根据怎样演奏而给它下的定义。换句话说，爵士乐是一种可以供许多类型的音乐采用的表演方式。第三，好的爵士乐演奏既要保持乐队领队对声音的概念，又不能忽视作品的基本特点。最后，在爵士乐中和声只是路标而不是目标。从19世纪末和20世纪初西方音乐的情况来看，这最后一点是有重大意义的。

20世纪的头15年里，录音尚未问世，新奥尔良至少有23支克里奥耳人和黑人的伴舞乐队和铜管乐队。其中比较著名的有"求精铜管乐队"、"奥林匹亚乐队"、"德克西杜铜管乐队"、"银叶乐队"和"前进铜管乐队"。早期爵士乐的速度大约介于中速与中快之间。到1917年为止，除了钢琴乐师或许会有例外，其它乐器的演奏技巧似乎尚未得到高度发展。但初次邂逅爵士乐的人会述及这种音乐所表达的感觉是：充满生气，令人兴奋。

早期爵士乐中完全没有齐奏。当乐队为歌星伴奏时，短号有时会编织对应旋律，但是从未听见过两件乐器演奏相同的旋律。在一些早期唱片里，两三件乐器配合和谐，似乎受了纽约或芝加哥乐队的影响而导致的后来发展。

早期的爵士乐曲目有32小节、4乐句的AABA流行歌曲式的曲调：有1乐节、两个调的拉格泰姆曲调；还有12小节的器乐布鲁斯曲调。拉格泰姆乐曲的和声节奏倾向于比另两种更快的速度。布鲁斯乐曲的和声节奏最慢，但它的独奏旋律线的变音转调较多，起音不一，音高变化也不少。

早期爵士乐队的设置平均为8位乐师。这就是说新奥尔良风格爵士乐队的固定形式实际上增加了两件乐器。有时添一支短号和一件节奏乐器，有时加一把小提琴作为领奏。阿曼德·皮隆的乐队和彼得·波凯奇的乐队都是以小提琴作主要乐器的著名早期爵士乐队。

早期新奥尔良风格爵士乐的另一特点，集体即兴演奏是最重要的特点。乐队的每个成员，不仅仅是独奏者，都即兴演奏。彼此之间自发的互相谦让与合作，只受和弦进行结构的限制，这种新的声音在20世纪初期任何听众一下子就能辩认得出，它就是"爵士乐"。在某种意义上说，这个特点是早期古典爵士乐的核心特点，这种演奏最吸引人的是乐队成员既竞争又合作，对于强加给他们的限制既重视又不予理睬，个个都如此。

1959 年，一名黑人爵士萨克管乐师来到纽约演奏了一种风格古怪的即兴音乐。这种音乐摒弃了传统的音乐标准，声称自己是摆脱了旋律、和声以及拍子约束的音乐，是集中体现无政府主义和虚无主义美学的音乐。全美国黑人社区的年轻乐师都宣称这声音是"我们的东西"，这就是"自由爵士乐"。

自由爵士乐和机运音乐的演奏有许多共同之处，不少基本细节都极为相似。它们都试图破坏结构、方向和调性的感觉，引进意外因素也是两者共同的。它们的主要区别通常在乐队的配器法和每个乐师的音乐训练素质。自由爵士乐的配器法比较接近普通爵士乐队的配器法，即分旋律乐器和节奏组，但最终这些传统乐器都让位给印度西塔尔琴、塔布拉双鼓、扩音拇指钢琴、警笛、电子八度音栓装置、令人产生幻觉的灯光和大量不合标准的电子设备及打击乐器。因此，有些自由爵士乐队看上去就像一支非爵士的先锋派乐队。

自由爵士乐师和机运先锋派乐师都是按照否定过去有效的风格准则这一美学体系，而不按把乐音组成明确风格时创造的有规则结构体系进行工作的。他们的哲学原则就是反对风格或反对准则。

美国摇滚乐

摇滚乐的三个来源是节奏布鲁斯、廷潘胡同歌曲、乡村音乐。

节奏布鲁斯是第二次世界大战以后布鲁斯音乐继续发展的结果。最初，布鲁斯是南北战争后南方黑人民间产生的一种歌唱形式，其来源已无从考查，一般认为，它可能是从田间号子和劳动歌曲演变而来。节奏布鲁斯已不再是单纯的独唱和伴奏，而更像一种合奏音乐。它有主要曲调（独唱或独奏，或两者合在一起）、伴奏小组对领唱、领奏作出响应和节奏声部（低音提琴、低音电吉他、鼓、钢琴等），但仍然保留了黑人音乐即兴演奏的传统。合奏时，由于普遍采用可以重复很多遍的 12 小节布鲁斯曲式与和声框架，因此，只要一个人说："让我们在 B 调上演奏吧，并决定一下速度"一、二、三、四"，不用说别的，乐队就可演奏起来。"

廷潘胡同是个地名，位于纽约第 28 街（第 5 大道与百老汇街之间）。

19 世纪末起，那里集中了很多音乐出版公司，各公司都有歌曲推销员整天弹琴，吸引顾客。由于钢琴使用过度，音色疲塌，像敲击洋铁盘子似的，于是有人戏称这个地方为"廷潘胡同"。廷潘胡同不仅是流行音乐出版中心，也成为流行音乐历史上一个时代的象征，一种风格的代表。

乡村音乐的前身叫山区音乐，是美国南方比较贫苦的白人发展起来的一种民间音乐。它的曲调简单，节奏平稳，带有叙述性，分节歌形式。与城市里带有伤感情调的流行歌曲相比，它带有较多的乡土气息。乡村音乐的演唱经常使用鼻音、滑音，而且还采用一种独特的、真假声来回转换的山区民间唱法"约得尔唱法"。随着时间的推移，山区音乐影响不断增加，从南方各州（田纳西、肯塔基、西弗吉尼亚等）扩展到西南和中南各州。第二次世界大战以后，它被改称"乡村音乐"或"乡村和西部音乐"，而且有了全国影响。

20 世纪 50 年代初，节奏布鲁斯、波普和乡村音乐是三个分开的市场，就像互相之间有堵围墙一样。可是，短短 3 年时间（1954～1956），墙砖移动了，直至整个围墙倒塌。正是在这废墟上，出现了一个新的音乐品种——摇滚乐。

墙砖怎么会移动的？还要从"市场交叉"和"翻唱版"现象说起。"市场交叉"就是原来只在一个市场发行的唱片在另一个市场也发行。20 世纪50 年代以前，虽然也有过这种现象，但不像 50 年代初那么常见。如 1953 年"金莺"乐队表演的《教堂的呐喊》在节奏布鲁斯销售市场上名列前茅，在波普排行榜上也被列为第 11 位。看到了这种有利可图的市场交叉情况，大唱片公司很快就根据一首流行的节奏布鲁斯生产出自己的版本，由此导致了大量"翻唱版"的出现。大公司不仅发行节奏布鲁斯歌曲，还模仿节奏布鲁斯生产自己的原版歌曲，如流行音乐歌手斯塔尔演唱的《摇滚圆舞曲》，费希尔演唱的《蓝布娃娃》等。这些新的声音在青少年中越来越受欢迎，反映了一个重要现象——一种青少年文化正在形成。

美国的青少年，特别是战后生育高峰时期出生的青少年，生活在经济繁荣、物质条件优越的环境里，没有像他们父辈那样经历过战争或其他生活苦难，受家庭宠爱，手头宽绰。他们不再跟随父母欣赏那些多愁善感的流行歌曲，正好在摇滚乐中找到了自己的声音。摇滚乐简单、有力，直截了当。特别是它那强烈的节奏，与青少年精力充沛、好动的特性相吻合；摇滚乐无拘无束的表演形式，与他们的逆反心理相适应；摇滚乐歌唱的题材，与他们所关心的问题紧密相关。

也就在 50 年代中期，出现了专门以十几岁青少年为对象的电影，如《无故造反》、《一堆混乱的黑板》等，特别是《一堆混乱的黑板》影响很大。它讲的是一群青少年起来造反的故事，他们企图强占大城市的一所职业训练学校，其中，用了一首摇滚乐曲《昼夜摇滚》，一下子引起了轰动。这首歌曲于 1955 年 7 月在流行音乐（波普）排行榜获第一名，标志了摇滚乐时代的开始。它的演唱者比尔·哈利成了青少年崇拜的第一个摇滚乐偶像。从此，摇滚乐风靡全国。

世界著名音乐作品列表

世界著名的序曲

罗西尼（意大利）：《塞维勒的理发师》、《赛米拉米德序曲》。

勃拉姆斯（德国）：《大学庆典序曲》、《悲剧性序曲》。

柴可夫斯基（俄国）：《一八一二年序曲》、《罗密欧与朱丽叶》。

莫扎特（奥地利）：《费加罗的婚礼》。

韦伯（德国）：《自由射手序曲》（又名《魔弹射手序曲》）。

贝多芬（德国）：《菲岱里奥序曲》。

斯美塔那（捷克）：《被出卖的新嫁娘》。

苏佩（奥地利）：《轻骑兵》。

门德尔松（德国）：《芬格尔洞》（又名《赫布里底岛》）。

柏辽兹（法国）：《罗马狂欢节序曲》。

柏林卡（俄国）：《鲁斯兰与柳德米拉》。

比才（法国）：《卡门序曲》。

世界著名的交响曲

海顿（奥地利）：《告别》、《惊愕》、《时钟》。

莫扎特（奥地利）：《第三十九号》、《第四十号》、《第四十一号》。

贝多芬（德国）：《英雄》、《命运》、《田园》、《合唱》。

舒伯特（奥地利）：《未完成交响曲》、《悲剧交响曲》。

柏辽兹（法国）：《幻想交响曲》。

门德尔松（德国）：《意大利交响曲》。

舒曼（德国）：《春天交响曲》、《莱茵河交响曲》。

柴可夫斯基（俄国）：《悲怆交响曲》。

德沃夏克（捷克）：《第九交响曲》（《自新大陆》）。

世界著名的组曲

柴可夫斯基（俄国）：《天鹅湖》、《胡桃夹子组曲》、《睡美人》。

斯特拉文斯基（俄国）：《火鸟组曲》、《彼得鲁什卡》。

比才（法国）：《卡门》、《阿莱城姑娘》。

拉威尔（法国）：《鹅妈妈》、《达菲尼与克罗埃》。

格罗菲（美国）：《大峡谷》。

格里格（挪威）：《培尔·金特》。

穆索尔斯基（俄国）：《展览会上的图画》。

世界著名的圆舞曲

勃拉姆斯（德国）：《圆舞曲》，作于 1865 年。

格里格（挪威）：《圆舞曲》，作于 1867 年。

庞塞（墨西哥）：《圆舞曲》，作于 1928 ~ 1933 年间。

约翰·施特劳斯（奥地利）：《蓝色多瑙河圆舞曲》，作于 1867 年；《啊，美丽的五月圆舞曲》，作于 1877 年。

罗萨斯（墨西哥）：《乘风破浪圆舞曲》，一译《在海波上圆舞曲》，作于 1891 年。

李斯特（匈牙利）：《海菲斯特圆舞曲》，一译《浮士德圆舞曲》，作于 1860 年。

古诺（法国）：《微风圆舞曲》，作于 1859 年。

瓦尔托伊费尔（法国）：《溜冰圆舞曲》，作于 1882 年。

肖邦（波兰）：《瞬间圆舞曲》又称《小狗圆舞曲》、《一分钟圆舞曲》，作于 1846 ~ 1847 年间；《告别圆舞曲》，作于 1835 年。

西贝柳斯（芬兰）：《忧郁圆舞曲》，一译《悲伤圆舞曲》，作于 1903 年。

约瑟夫·施特劳斯（奥地利）：《奥地利的村燕圆舞曲》，作于 1846 年；
《生活充满爱与欢乐圆舞曲》，作于 1869 年。

莱哈尔（匈牙利）：《卢森堡圆舞曲》，作于 1909 年。

德里戈（意大利）：《火花圆舞曲》，作于 1900 年。

世界著名的小夜曲

海顿（奥地利）：《小夜曲》，约作于 1762 年。

舒伯特（奥地利）：《小夜曲》，作于 1828 年 8 月。

古诺（法国）：《小夜曲》，作于 1855 年。

德沃夏克（捷克）：《E 大调弦乐小夜曲》，作于 1875 年。

德里戈（意大利）：《小夜曲》，又名《爱之夜曲》，作于 1900 年。

皮尔纳（法国）：《小夜曲》，作于 1894 年。

德尔德拉（捷克）：《小夜曲》，作于 1901 年。

托赛里（意大利）：《小夜曲》，又名《叹息小夜曲》，作于 1898～1903 年间。

布拉加（意大利）：《天使小夜曲》，又名《瓦拉契亚的传说小夜曲》。

莫扎特（奥地利）：《弦乐小夜曲》，作于 1787 年。

柴可夫斯基（俄国）：《弦乐小夜曲》，作于 1880 年。

苏克（捷克）：《弦乐小夜曲》，作于 1892 年。

谢米娜德（法国）：《西班牙小夜曲》。

庞塞（墨西哥）：《墨西哥小夜曲》，又名《小星星》，作于 1912 年。

世界著名的摇篮曲

肖邦（波兰）：《摇篮曲》，作于 1843 年。

豪塞（匈牙利）：《摇篮曲》

勃拉姆斯（德国）：《摇篮曲》，作于 1868 年。

格里格（挪威）：《摇篮曲》，作于 1883 年。

福莱（法国）：《摇篮曲》，作于 1880 年。

托尔·奥林（瑞典）：《摇篮曲》。

耶涅菲尔特（芬兰）：《摇篮曲》，作于 1904 年。

戏剧篇

　　戏剧是一种综合艺术，是文学、造型艺术、音乐以及演员表演艺术的综合体，一部戏剧作品的完整创作过程是相当复杂的。一般来说，剧作家写成了剧本，这是第一步，导演选中剧本进行"二度创作"的构思，选择演员，分配角色，安排落实布景、灯光、音响、化妆等，最后合成为一场完整的演出。戏剧正是利用这样多种艺术成分，在空间与时间上丰富和扩展自己的表现力。

古希腊悲剧

　　悲剧一词用在古希腊戏剧上可能会引起人们的误解，因为古希腊悲剧的着意在"严肃"，而不在"悲"。

　　古希腊悲剧起源于古希腊人祭祀酒神的仪式。古希腊农民于收获葡萄时节装扮成牧羊人，举行歌舞，崇拜酒神狄俄尼索斯，这种歌叫做"酒神颂"。表演时，临时编几句诗来回答歌队长提出的问题，讲述酒神在人世间漫游和宣教的故事。

　　古希腊悲剧的题材大多取材于神话、传说和史诗，通过神话和英雄传说反映当时的社会现实。这些悲剧涉及到命运观念、宗教信仰、国际与国内战争、政治问题、民主制度、社会关系、家庭问题，并且提出了悲剧诗人对这些问题的看法。

古希腊三大悲剧家

　　古希腊产生了三大悲剧作家。

第一个是埃斯库罗斯，现存 7 部较完整的悲剧。他使悲剧有了深刻的内容和完备的形式。他的悲剧布局比较简单，抒情气氛十分浓厚，人物气魄雄伟，风格庄严崇高，语言雄浑有力。他首创三联剧的悲剧形式，使希腊悲剧趋于完善，被称作"悲剧之父"。代表作是《被缚的普罗米修斯》。

第二个是索福克勒斯，现存 7 部完整的悲剧。他使悲剧艺术趋于完善，他的悲剧布局复杂、严密、完整，人物性格鲜明，风格朴质、简洁。他的作品多描写理想化的英雄人物与命运的冲突，但终究不能挣脱命运的摆布而走向毁灭，反映了雅典奴隶主民主政权盛极而衰时期的社会面貌。作品《俄狄浦斯王》是他最著名的悲剧。

第三个是欧里庇得斯，现存作品 18 部。在他的悲剧中，对雅典统治者对外侵略、对内剥削的高压政策，对于压迫和虐待奴隶的问题，对社会上存在的贫富悬殊、男女不平等、道德败坏的现象，都进行了揭露和批判。他善于描绘人物的心理，风格比较华丽，语言流畅，接近口语，十分自然。代表作品是《美狄亚》。

公元前 4 世纪，雅典在内战中失败之后，民主政治衰落了，悲剧也随之衰落。雅典的大酒神节举行到公元前 120 年为止，至此古希腊悲剧的历史便告结束。

《俄狄浦斯王》

《俄狄浦斯王》是古希腊三大悲剧作家之一索福克勒斯（前 496～前 406）戏剧代表作之一。它取材于希腊神话传说中关于俄狄浦斯杀父娶母的故事，展示了富有典型意义的希腊悲剧冲突——人跟命运的冲突。这部著作也被戏剧界称为最痛苦和可怕的悲剧。

剧情大概是这样：俄狄浦斯是希腊神话中底比斯的国王，是国王拉伊奥斯和王后约卡斯塔的儿子，他在不知情的情况下，杀死了自己的父亲并娶了自己的母亲。拉伊奥斯年轻时曾经劫走国王珀罗普斯的儿子克律西波斯，因此遭到诅咒，他的儿子俄狄浦斯出生时，神谕表示他会被儿子所杀死，为了逃避命运，拉伊奥斯刺穿了新生儿的脚踝，并将他丢弃在野外。牧人心生怜悯，偷偷将婴儿转送给科林斯的国王波吕波斯，由他们当作亲生儿子般地扶养长大。

俄狄浦斯长大后，德尔菲神殿的神谕示意他会弑父娶母。俄狄浦斯此时并不知道科林斯国王与王后并非自己亲生父母的，为避免神谕成真，便离开科林斯并发誓永不再回来。俄狄浦斯流浪到底比斯附近时，在一个叉路上与一群陌生人发生冲突，失手杀了人，其中正包括了他的亲生父亲。当时的底比斯被狮身人面兽斯芬克斯所困，因为他会抓住每个路过的人，如果对方无法解答他出的谜题，便将对方撕裂吞食。底比斯为了脱困，便宣布谁能解开谜题，从斯芬克斯口中拯救城邦的话，便可获得王位并娶国王的遗孀约卡斯塔为妻。后来正是由俄狄浦斯解开了斯芬克斯的谜题，解救了底比斯。他于是继承了王位，并在不知情的情况下娶了自己的亲生母亲为妻，生了两女儿和两个儿子。

后来，受俄狄浦斯统治的国家不断有灾祸与瘟疫，国王因此向神祇请示，想要知道为何会降下灾祸。最后在先知提瑞西阿斯的揭示下，俄狄浦斯才知道他是拉伊奥斯的儿子，终究应验了他杀父娶母的不幸命运。震惊不已的约卡斯塔羞愧地上吊自杀，而同样悲愤不已俄狄浦斯则刺瞎了自己的双眼。

《俄狄浦斯王》有很高的艺术成就，特别是在情节的整一、结构的严密、布局的巧妙等方面，堪称希腊悲剧的典范。在刻画人物性格方面，作者用剧情的发展推动性格的塑造，让角色的个性历史服务于创作意图的实现。所以，同一个人在不同作品里有了不同的表现，即不同的作品的不同立意决定了同一个任务的不同性格特征。除此之外，索福克勒斯善于运用各种修辞手法，包括头韵、谐音、拟声、排比、对称和比喻等，并注意局势结构的实际，精心安排词句的位置，成功地使用了对称修饰的各种样式。

"喜剧之父"

阿里斯托芬（前446～前385）是古希腊杰出的喜剧诗人，恩格斯很赞赏他的"强烈的倾向"性以及他在希腊喜剧发展中的巨大作用，称他是"喜剧之父"。

阿里斯托芬生于雅典农村，后来移居雅典学习希腊艺术，接受了民主思想影响。相传他写了44出喜剧，现存11出。他通过剧作来揭露和表现当时的政治矛盾、社会矛盾，其中《鸟》就是他的喜剧创作，从描写个别的人和事转向一般社会问题后的一部杰作。这出喜剧完全以神话为题材，写两个雅典人厌恶地上的生活，便和一群鸟在天地之间建立了一个"云中鹁鸪国"。在这个鸟国里没有剥削，没有压迫，人人平等相爱。结果，人们纷纷前来请求被收留为鸟，共享和平盛世。鸟国对那些想来投机钻营的预言家、讼师等人一概拒之门外。最后，由于鸟国切断了天地间的交通，天神们闹起饥荒，天神之王宙斯被迫把统治宇宙的权力交还鸟类，还把女神嫁给一雅典人为妻。全剧在欢乐的婚礼中结束。《鸟》的剧情似乎离奇异常，其实是一部现实主义的作品，它有力地揭示了当时整个奴隶社会分崩离析、人心思变的没落趋势，讽刺并抨击了雅典寄生阶级的骄奢淫逸。

这部流于荒诞的乌托邦式的优美抒情喜剧，是欧洲文学史上第一部描写理想社会的文艺作品。阿里斯托芬奠定了喜剧的格式：开场（揭示矛盾）、对驳（展开斗争）、插曲（歌队发表政论或说教）、闹剧场面、退场（大团圆）。在《鸟》剧中，节奏明快，意境奇突，寓意深刻，主题现实，具有很高的艺术价值。

《沙恭达罗》

迦梨陀娑（350～472）是古印度文学中具有世界声誉的伟大作家，他的代表作《沙恭达罗》被公认为印度古典戏剧的高峰，世界文学中的瑰宝。

该剧剧情取材于《摩诃婆罗多》和一些故事书。国王豆扇陀到林中行猎，遇见净修林仙人的义女沙恭达罗。她原是仙女所生，天生丽质，使在森林中打猎的国王一见倾心，私自同她结了婚，并于临别时送她一枚戒指作为信物。沙恭达罗思夫情切，失神落魄，不慎怠慢了一位来到净修林的仙人。仙人大怒，发出诅咒说：她将被丈夫所遗忘，直到他重新见到信物为止。可戒指却被她在途中遗失于河里。后来，一位渔夫在大鱼腹中发现了那只戒指，送交国王。国王这才回忆起沙恭达罗，找回了失散多年的妻儿。剧本成功地塑造了一个惹人喜爱的女性形象——沙恭达罗。这是1500

多年来为世界人民不断传颂的最富于人性和柔情的完美无疵的艺术形象。她生长在森林道院，不受虚伪矫饰所染，天真无邪、纯朴自然。她由纯真的少女，成为无辜的弃妇，最后以成熟的母性姿态出现在仙山，充分体现了古代东方女性的温柔。

剧本人物生动，情节感人，台词精美，成为千古名篇。它反映了上层阶级的生活和风尚，具有鲜明的民族特色，它不仅被认为是梵文古典文学的重要作品，而且被有些剧作家认为可以与索福克里斯的《俄狄浦斯王》和王实甫的《西厢记》并称为世界三大古典名剧。

莎士比亚的戏剧

莎士比亚（1564～1616）是文艺复兴时期英国最伟大的戏剧天才和诗人，是"一位使人类永久又惊又喜的巨人"。他的丰富的艺术创作，可以说是一部翔实而生动的"巨人传"，深刻地反映了"巨人的时代"的特征。他的悲剧、喜剧、历史剧、传奇剧和诗歌，在世界文学交响乐中有特殊的音色，富有不朽的艺术魅力。

莎士比亚生活与创作在"伊丽莎白时代"，这期间一方面是伊丽莎白王朝中央集权政治的昌明时期，另一方面又隐藏着各种社会矛盾。莎士比亚的戏剧，积极广泛地描绘了这一时期历史发展的历程，表现了反封建意识束缚的人文主义思想。莎翁为人类留下了丰富的艺术遗产，流传至今的有 37 部戏剧，其创作道路可分为三个阶段：

第一阶段（1590～1600），其人文主义世界观基本形成。这是伊丽莎白统治的全盛阶段，莎氏对人类社会的光明前途怀抱极大希望。其创作以历史剧、喜剧及诗歌为主，也写悲剧。其历史剧有

莎士比亚

《理查二世》《亨利六世》等 9 部；喜剧有《仲夏夜之梦》《温莎的风流娘儿们》《威尼斯商人》等 10 部，另有悲剧《罗密欧与朱丽叶》。从总体上说，作品充满了欢乐气氛和乐观精神，表现出人文主义思想。

第二阶段（1601～1608），莎氏人文主义思想进一步发展、深化。在社会急剧变化，王权政治危机明显暴露的时刻，莎氏深切地感到理想与现实的尖锐冲突，社会矛盾很难用和谐的办法解决，于是冷静地探索罪恶的根源，积极揭发社会的黑暗。这期间的创作以悲剧为主，也写喜剧。

《哈姆莱特》《奥瑟罗》《李尔王》《麦克白》等悲剧以巨大的艺术力量，反映过去与当代的重大社会政治问题。其创作风格发生变化，常有沉邵悲愤的色彩，即使在喜剧中也充满悲剧性，因而更富有深刻的现实意义，表现了更丰富的社会思想内容。

第三阶段（1609～1612），其人文主义思想经历了严峻的考验。在王权政治进一步反动的形势下，莎氏无法找出自己理想的途径，只得化"理想"为"幻想"，希望凭借一种超自然的力量解决社会问题。其创作从悲剧转向传奇剧，将人文主义的概念融化在人性感化中，作品的幻想成份十分浓重。《辛白林》《冬天的故事》和《暴风雨》等传奇剧就是通过梦幻世界、传奇人物和瑰丽场景的描写，反映人世间的悲欢离合，同样具有极强烈的现实主义精神。

总之，在莎士比亚的剧作中，他教人懂得"人"的尊严、价值和力量。他讴歌以"人"为中心的人文主义，却又不掩饰资本原始积累过程的罪恶。不同时代、不同国家的人们，都从莎士比亚身上发现无限的生命，他确实不愧为"时代的灵魂"，而且"不属于一个时代而属于所有世纪"。

韦伯与浪漫主义歌剧

韦伯（1786～1826）是德国著名的作曲家，他的母亲是一位德国女高音歌唱家，父亲是一位热心的戏剧家和音乐爱好者，有一副漂亮的歌喉。伯父是宫廷乐师，堂姊是莫扎特的妻子。年青的韦伯常常随着父亲率领的主要由本家庭成员组成的小剧团，沿着德、奥两国的小城镇流浪演出，从小就受到剧院、舞台气氛的熏陶。这种流浪生活使他广泛地接触了社会和民间音乐，他把在人群里、酒店里、娱乐场中听到的民歌记录下来，有时还情不自禁地拿起六弦琴当场为群众演唱用这些民歌改编的歌曲，博得群众的喝采。

生活在人民中间的韦伯看到了人民对德意志民族统一和反对拿破仑侵略战争的高涨热情，这使他成为一个民族解放的热情拥护者，并写出了他的早期著名歌曲集《诗琴与宝剑》（用青年诗人寇尔纳的诗作词）。歌曲集中歌颂理切尔游击队的歌非常受欢迎，使韦伯第一次获得人民艺术家的荣誉。这些都加深了他对生活的理解和对祖国的热爱，也使他认识到必须为德国的民族歌剧奋斗。

韦伯想创立一种无论在题材上或音乐处理上都比莫扎特、贝多芬的歌剧更富有民族性的作品。在德国，很早就是意大利歌剧风行的场所，到韦伯时代，意大利歌剧继续享有特权和受到宫廷的庇护，虽然在德累斯顿建立了德国民族歌剧院，但是从它诞生的那一天起就得不到贵族艺术鉴赏家和宫廷的支持，因而韦伯振兴民族歌剧的事业受到了多方面的干扰和敌视，他不得不经常向他的高级长官呼吁："在艺术上德国人应当和意大利人有同样的权利。"

韦伯终于实现了他的理想。在 1821 年 6 月 18 日，他的歌剧《自由射手》在柏林第一次上演，并取得辉煌的成功。这部歌剧创作于 1817～1820 年，它取材于欧洲民间故事，采用德国歌唱剧形式，音乐风格接近德国民歌，配器充满浪漫气氛，被公认为德国第一部民族歌剧。

歌剧上演后，很快地传遍每个偏僻角落。著名诗人海涅在给友人的信中饶有风趣地描写了《自由射手》在群众中流传的盛况：清早从他窗户下走过的小学生用口哨吹着"出嫁时的花圈"（《自由射手》插曲）；女主人的女儿起身时唱着"出嫁时的花圈"；理发师上楼时也唱这首歌；在他外出做客时，一位姑娘在钢琴上弹的也是这支歌，傍晚，口哨声、吼声、吱吱声、嘶叫声齐作——都是这个曲调。海涅最后说："正是因为它妙不可言。"甚至在德国还出现了"自由射手"牌啤酒，"自由射手"式女装，一部歌剧能引起民众如此巨大的反响是罕见的，这是由于它的民族性和人民性所造成，它也为欧洲浪漫主义的歌剧奠定了基础。

尽管他创作的歌剧获得了巨大的声誉，但韦伯也和许多音乐家的命运一样，生活坎坷，40 岁即因肺病死于伦敦（1826 年 6 月 5 日）。15 年后，韦伯的骨灰被运回祖国。

莫里哀的艺术

在欧洲喜剧史上，继阿里斯托芬和莎士比亚之后，莫里哀（1622 ~ 1673）是第三座令人仰望而赞叹的高峰。

莫里哀生于巴黎豪富之家，从小酷爱戏剧。长大后，违逆父旨放弃宫廷的美差和仕官的前途，决心做个为当时人所不齿的"戏子"。他曾一度加入流浪剧团，足迹几乎遍及全国，有机会接触形形色色的人，耳闻目睹各种各样的事，为日后创作积累了大量素材。同时他有机会学习民间戏剧和意大利即兴喜剧的表演技巧，提高了艺术修养。回到巴黎后他边演出边写作，其创作成果极为丰硕，现流传剧本有 30 部。其创作活动大致可分为四个时期：

第一时期（1645 ~ 1658），以情节喜剧的创作为主。其剧本比当时流行的喜剧包含更多的智慧，富有浓郁的生活气息。传世的只有《冒失鬼》和《情仇》。

第二时期（1659—1663），为创作风俗喜剧期。从外省回到巴黎后，莫里哀开始探讨爱情、婚姻、教育以及其他迫切的社会问题，用喜剧的形式反映当时的社会风俗人情。主要代表作有《可笑的女子》《斯卡纳赖尔》《丈夫学堂》《太太学堂》。

第三时期（1664—1669），是其创作的"黄金时期"，也是他与教会和封建势力斗争最紧张、激烈的时期。在喜剧创作上，他把风俗喜剧和性格喜剧结合起来，同时还创造了一种新型喜剧——"喜舞剧"。莫里哀最有名的剧作，几乎都在这时写成，如《唐璜》《恨世者》《悭吝人》《伪君子》等。其中《伪君子》是莫里哀创作的最高成就，是古典主义性格喜剧的典范。

第四时期（1669—1673），莫里哀又转向"喜舞剧"的创作，主要作品是《醉心贵族的小市民》和《史嘉本的诡计》，后者被认为是莫里哀最富有人民性的喜剧之一。

莫里哀的创作成就巨大，影响深远。在艺术上，他不因循守旧，敢于革新，跳出了流行喜剧的窠臼，走上了创作社会讽刺喜剧和性格喜剧的道路；他常交错使用夸张、对比手法，突出人物的主导性格；在语言的选择运用上，他大胆采用民间的口语、俚语和谚语。他勇敢地揭露现实生活中的黑暗势力，热情赞美积极的、健康的社会力量。因此，其艺术深受后人称赞，被认为"在那行艺术里也许能冠绝古今"。

"清唱剧大师"亨德尔

亨德尔和巴赫以完全不同的气质、风格活跃于乐坛，但两人在作品中所创造的境界却同样崇高、壮阔。亨德尔醉心于世俗音乐，特别是歌剧。在他的创作生涯中，有30年以上的创作时间是献给歌剧艺术的。

1703年，18岁的亨德尔怀着创作歌剧的抱负来到"德国的威尼斯"——汉堡。在这里，音乐冲破了封建宫廷的狭隘天地，走进了人民的生活，汉堡建立了公开的歌剧院，许多著名的诗人、音乐家活跃在这里。亨德尔在这样的环境中刻苦创作，加上音乐活动家马特逊的热情帮助，两年后他便完成了歌剧处女作《阿尔密拉》。这部歌剧以其宏伟的形式首演成功。从此，亨德尔便主要从事歌剧创作。他成功地继承了各种歌剧艺术流派的特点，发展了歌剧创作的形式，显示出卓越的才能。

亨德尔

1706年，21岁的亨德尔启程到意大利。并以创作意大利风格的歌剧而取得巨大成功，他的歌剧列入意大利歌剧学派典范作品之林。不过他到达意大利的头一年，是以优秀的管风琴和拨弦古钢琴演奏家而蜚声乐坛。传说在威尼斯的一次化装舞会上，亨德尔带着面具演奏拨弦古钢琴，适逢著名的技巧大师 D 斯卡拉蒂在场，他听后惊叹道："能演奏得这样美妙，不是著名的撒克逊人便是魔鬼。"

亨德尔创作的成熟时期是在英国伦敦度过的。1720 年他担任了英国皇家音乐学会剧院的音乐指导，并于 1726 年加入英国籍。在这里，他那些为贵族们喜爱的意大利风格正歌剧并不为英国社会的进步力量所欢迎，亨德尔的创作接连失败。在严峻的现实面前，亨德尔在他创作生涯的最后时期，毅然放弃了正歌剧的创作，转而创作能够容纳更广泛的思想内容的清唱剧（清唱剧或译为"神剧"，是一种大型声乐套曲形式，它包括独唱、重唱、合唱，内容富于戏剧性和史诗性）。

18 世纪 40 年代后期，亨德尔的清唱剧获得很大成就。在清唱剧中，他描写了人民的命运，描写英雄的牺牲，把反专制的民族独立斗争内容与完美的音乐技巧相结合，具有强烈的艺术感染力，适应了当时英国资产阶级革命的需要。其中著名的清唱剧有《参孙》、《以色列人在埃及》、《犹大·玛卡贝》等，而以《弥赛亚》最为突出。

除清唱剧外，亨德尔还创作了歌剧 46 部，并创作了著名的《水上音乐》《焰火音乐》在内的大量管弦乐作品。亨德尔有着追求自由、进步和正义的思想倾向，他的作品中表现出人民性和战斗性，具有胸襟博大、朴实有力的特点，构成了自己独特的风格。

布莱希特及其戏剧理论

布莱希特（1898～1956），德国剧作家、戏剧理论家、导演、诗人。布莱希特 20 年代末参加德国工人运动。1933 年因反对纳粹政权被迫流亡国外，仍坚持反法西斯斗争。1948 年回到德意志民主共和国。曾任德意志民主共和国艺术科学院副院长，荣获 1951 年国家奖金和 1955 年列宁和平奖金。

布莱希特重视戏剧的教育作用，多年探索"宣传、鼓动和艺术"相结合的问题，提出"史诗戏剧"理论和"间离效果"的表演方法。

所谓"史诗戏剧"是要以辩证唯物主义和历史唯物主义的思想认识生

活、反映生活，突破"三一律"编剧法，采用自由舒展的戏剧结构形式，多侧面地展现生活宽广多彩的内容，让观众透过众多的人物场景，看见生活的真实面貌和它的复杂性、矛盾性、促使人们思考，激发人们变革社会的热情。

"间离效果"是布莱希特提出的一个新的美学概念，也是一种新的演剧理论和方法。它的基本含义是利用艺术方法把平常的事物变得不平常，揭示事物的因果关系，暴露事物的矛盾性质，使人们认识改变现实的可能性。就表演方法而言，"间离方法"要求演员与角色保持一定的距离，不要把二者融合为一，演员要高于角色，驾驭角色，表演角色。

布莱希特

他还反对幻觉式布景，以破除舞台上的生活幻觉，使观众能够冷静地分析和判断。他在戏剧中增加了叙述因素，并把歌唱作为话剧的有机组成部分，同时使用分场标题和定场诗，明白告诉观众戏中将要发生的事情，以强调创作过程中的理性因素。这构成了布莱希特现实主义演剧方法的特点。

布莱希特共写了约50部多幕剧和短剧，比较著名的有《大胆妈妈和她的孩子们》《伽利略传》《四川一好人》和《高加索灰阑记》等。布莱希特戏剧是20世纪德国戏剧德一个重要学派，也对世界戏剧产生了很大影响。

《玩偶之家》

易卜生影响最大的是"社会问题剧"，而最成功的社会问题剧是《玩偶之家》。

《玩偶之家》写的是主人公娜拉从深爱丈夫到与之决裂，最终脱离玩偶地位离家出走的自我觉醒的过程。天真热情的娜拉与海尔茂结婚后，丈夫患病，经济拮据。她很爱丈夫，为给他治病，她节俭持家，并冒名签字借款，背着丈夫夜晚工作，以挣钱还债。但丈夫不仅不感激她，反而斥责妻子的行为会给丈夫的名誉带来损害。娜拉看清了丈夫自私虚伪的本质，感到自己在家中只不过是丈夫的玩偶，于是离家出走，追求独立的人生道路。

此剧本全面地显示出易卜生式的"社会问题剧"的创作特色。在这部戏里，他放弃了对整个资本主义世界进行综合的伦理象征的写法，开始从资产阶级的日常生活里发掘素材。加以艺术概括，使之上升到具有重大社会意义的高度。该剧结构集中紧凑且起伏跌宕。在《玩偶之家》中，场景高度集中——由始至终只有一个场景；时间集中——剧情集中在两天内；人物集中——上场才九人，戏则集中在娜拉和海尔茂身上；情节集中——围绕那张八年前签立的借据展开。因此，该剧既在时、空、人物和情节方面进行精心选择和提炼，又能在集中、单纯中求得丰富性，是易卜生才华的充分体现。

易卜生开创了近代戏剧的格局，故有"近代戏剧之父"之称。在这出社会问题剧中，他尽管没有解决娜拉走后怎样的问题，但对近代妇女解放运动仍起到了推动作用。

荒诞派戏剧

荒诞派戏剧又称反传统戏剧派。这个流派于 20 世纪 40 年代末首先在法国兴起，随后逐渐在欧美各国流行，直到现在还是西方重要的现代派文学之一。最著名的代表作家有法国的尤奈斯库、贝克特，英国的品特，美国的阿尔比等。

荒诞派戏剧在反传统方面，是现代派文学中最激进的一个流派，其理论和创作概括起来有如下几个特点：

第一，否定传统的现实主义，提倡表现"主观的真实"。荒诞派戏剧家认为，现实主义（不管社会主义现实主义还是非社会主义现实主义）都不能反映生活真实，只能是缩小、减弱和粉饰现实。在他们看来，客观的社会不算真实，只有人的主观感受和想象才是真实的。他们公开宣称："我们的真实在我们的梦幻里和我们的想象中"、"主观的真实是艺术家唯一的真实。"从这些理论原则出发，因此他们不按客观现实来进行创作，而是强调作家的主观虚构。他们说："虚构的真实比日常现实更深刻、更富有意义。"传统的现实主义文学描写"典型环境中的典型性格"，而荒诞派戏剧家则与之相反，他们描写超时代、超阶级的生活现象和精神状态，强调表现作家的抽象的主观感受。这当然也或多或少地反映了资本主义社会的矛盾，不过由于他们抽掉了事物的具体的时代内容和阶级内容，因此在揭露资本主义社会矛盾的同时，又掩盖了它的矛盾。

第二，荒诞派戏剧家着重描写人与生存环境脱节而产生的迷惘、悲凉和痛苦。按照他们的观点，人是在客观世界的相互影响下发展起来的，一旦与客观环境脱节，人就丧失了人的本质，也就意味着失去了"自我"；人与自己生存的社会失去了联系，他就必然陷入荒诞而成为没有意义的生物。所以尤奈斯库说："荒诞即指缺乏意义。"人的所作所为，"毫无意义、荒诞、无用"，这种思想渗透在荒诞派的全部剧作之中。

第三，在艺术表现方面，荒诞派戏剧家喜欢采用漫画式的夸张和直喻手法。此外，传统的戏剧情节一般是完整的，人物性格是鲜明突出的，而在荒诞派戏剧中，则没有情节的开端、发展、高潮和结局的程式，如果有点什么情节，也往往是片断的、支离破碎的，人物也没有鲜明突出的个性，常常是一些语言不清、思想混乱、丧失理性、猥琐卑贱的怪物。有的剧本好几个人用一个名字，有的连人名也没有，用年龄、性别、职业来代替。人物的台词也很少，像电报一样，而人物的对话，则往往是东拉西扯、答非所问，借以来表明人是孤独的，人与人之间互不了解。因为人失去了本质，也就没有了思想，而语言作为交流思想的工具也就不那么重要了。

荒诞派戏剧还打破了舞台与舞厅、演员与观众之间的界限，有的戏中演员与观众吵嘴、打架，直至损物伤人，胡闹一阵就散场，给人们以强烈的刺激。当然，后一种情况只是荒诞派戏剧的一个极端。从全局来看，荒诞派戏剧家很重视舞台画面和戏剧效果，通过精心的舞台设计，采取最佳的演出方案，借以最大限度地表达作家所要表达的思想。

贝克特的《等待戈多》

《等待戈多》（1952）是贝克特的成名之作，它的问世奠定了贝克特在荒诞派戏剧史上的重要地位。1953 年在巴黎首次演出时，像当年（1830）演出雨果的《欧那尼》一样，观众由于对戏剧的看法不同而发生争执，竟然在剧院里大打出手。随后，《等待戈多》连演 300 多场，场场满座，轰动一时。30 年来。它被译成 20 多种文字，并在许多国家上演，成为研究荒诞派戏剧的必读作品。

这个剧本共分两幕，五个出场人物，而中心人物戈多则直没有登台露面。舞台布景是一片空旷的荒漠，路旁仅有一棵枯树，时间已是黄昏。此刻两个衣衫破烂、浑身发臭的流浪汉（一个叫艾斯特拉贡，另一个叫符拉迪米尔）在枯树下等待戈多。为了消磨时间，两人讲梦境，玩上吊，做一些闻臭靴、烂帽子之类的动作。突然来了两个人，但并不是戈多，而是奴隶主波卓和他的奴隶幸运。他们走后，来了一个男孩，他是戈多的信使，告诉两个流浪汉，戈多今晚不来了，明晚准来。孩子退场，夜幕降临，

贝克特

两个流浪汉，口头上说要走，但仍坐在树下不动。第一幕至此结束。第二幕两个流浪汉仍在原地等待，但戈多还是没有来，来的又是波卓和幸运，然而波卓已成了瞎子，幸运已变为哑巴。为了消磨时间，两个流浪汉没话找话，反反复复地说着一件事情，要不就是讲恶梦，打瞌睡，脱靴弄帽，出进小便，显得十分滑稽。这时，那个男孩又来了，照样告诉两个流浪汉说，戈多今晚不来了，明晚准来。两个流浪汉觉得生活实在无聊，决定上吊自杀，可是又没带绳子，艾斯特拉贡解下裤带应急，结果一拉就断了。于是两人约好明天再上吊，除非戈多来解救他们才作罢。沉默一阵之后，两人口头上又不断说着要走，可是他们仍然站着不动，直至剧终。

这个剧本与传统的戏剧是截然不同的。它没有剧情的发展，结尾是开端的重复，终点又回到起点，第二幕几乎是第一幕的重复，也没有一般的戏剧冲突，只有一些漫无头绪的对话和荒诞的插曲，以中心人物不出场制

造悬念来吸引观众；剧本以貌似混乱、实则多变的语言确切地表现了人物特定的精神状态和思想情绪，并且在荒诞中常寓有深意，在幽默中蕴含着严肃；人物没有正常的思维能力，那就更谈不上性格描写；地点和时间也不过是一种模糊的象征，旨在烘托气氛，缺乏具体的社会规定性。而所有这一切，正是剧作家为了表达作品的主题思想而精心构思出来的。

剧本中呈现在人们面前的一切是那样的丑陋黑暗、荒凉凄惨，绝望和虚无的气氛更为令人窒息。这种恶梦般的境界，引起西方世界观众的联想和共鸣，那是十分自然的。因为剧本中反映的那种可怕的生活正是他们所处的现实世界的缩影，剧中人物的遭遇和精神状态，也与他们自身有某些相通的地方。这也正是剧本的主题思想之所在。至于戈多究竟代表什么，西方评论家有各种不同的解释：有人认为代表上帝，有人认为是暗指政界的某一具体人物；有人认为是代表人类幸福的力量，等等。后来有人去问贝克特，戈多究竟代表什么？他回答说："我要是知道，早在戏里写出来了。"这当然不无故弄玄虚的成分，但也或多或少地道出了作者内心的苦衷。贝克特虽说看到了资本主义世界的混乱、荒谬，看到了生活在这个世界中的人们的可怕处境，但又无力作出正确的解释，更看不到摆脱这种处境的出路，只能表达出人们的某种模模糊糊、似有若无的期望。人们的期望无法实现，只好陷入虚无和绝望之中。这正表现了剧本的批判性和作家思想的局限性。

《天鹅之死》

《天鹅之死》是芭蕾史上一颗晶莹剔透的明珠，在它身上凝聚着三位艺术家——俄国芭蕾编导米哈依尔·福金、法国作曲家圣·桑和俄国芭蕾演员安娜·巴甫洛娃的才华。漆黑的舞台上，一束蓝色的追光随着优美的大提琴声射向一位身穿洁白天鹅舞服的女演员。她的脚尖行着密集的碎步，两臂轻柔地上下波动：这是一只受伤的天鹅缓缓地从天空降到了湖面；悄然地飘浮在水面上。她的头艰难地转动着，手臂如"翅膀"软弱地在微波上掠过，眼睛里闪现着悲哀的光。突然，她鼓足力量站起来，两臂朝上高高举起，仿佛立即又会离开湖面重新飞上蓝天。可是死神已向她袭来，她体衰力竭，再也没法振翅飞翔。她的身体痛苦地前倾，两臂颓然垂下，头也因为疼痛而歪向一旁。不！天空仍在向她召唤，求生的欲望也在心中呼喊："起来！起来！"她又慢慢地直起身子，开始原地旋转、旋转，她越转越快，似乎又产生了飞的希望。然而，生命之火已经燃尽，天鹅终究逃脱不了死神的魔爪。她跪了下来，全身贴近水面，只剩下一个手臂指向天上：原先从容的波动已变成了此刻僵硬的弯曲，一下、两下……终于，大提琴的歌唱和蓝色的追光一起消失，天鹅也在黑暗中合上了翅膀。

《天鹅之死》的音乐选自法国作曲家圣·桑的名作《动物狂欢节》中的第13首乐曲《天鹅》。这首仅两分钟的独奏曲并不是专写天鹅之死韵。乐曲开始，钢琴先奏出流畅的琶音，象征着碧波荡漾的湖水在宁静中泛起层层涟漪，接着大提琴唱出了柔美的旋律，仿佛一只天鹅安详而高傲地慢慢游来。编导福金用舞蹈对音乐作了自己独特的解释：在钢琴的伴奏部分，他安排了脚尖碎步，显示"天鹅"心中的不安、焦虑和痛苦；在大提琴的旋律声部，则以手臂的起伏相呼应，使人好像"听"到了"手的歌唱"。整个舞蹈设计简朴无华，只用脚尖、手臂和眼睛随着音乐的流动而变化，揭示出了"人物"的内在灵魂和精神世界，以此激发起人们对生活的热爱和向往。

"歌剧革新者" 华格纳

德国音乐家华格纳（1813～1883）是作为歌剧艺术改革者出现的，他是乐剧的创造者，即将音乐、诗、戏剧、美术融为一体，组成新的综合艺术，舍弃了传统的歌剧形式。在华格纳之前，歌剧只是歌与剧的综合。有些歌剧，只注重运用声音的技巧，缺少音乐性的内容，变成了花腔女高音歌唱技巧的卖弄，以博得观众的掌声。结果，造成了歌剧形式单调，内容浅薄，千篇一律。华格纳把歌剧变为规模巨大的、戏剧化的、标题的、加声乐的交响乐曲形式的乐剧，使音乐的表现范围变得更加广阔。他在乐剧中大量使用"主导动机"，对剧中的人物和主要事物（宝剑、城镇等）以及感情（爱、憎）、行为（逃跑、裁判）、现象（命运、死亡）等，都赋予短小而有特征的旋律，这些旋律具有一定的象征意义与代表作用，使音乐所表现的内容形象化、具体化，如女武神在天空中的飞驰、熊行走的脚步、林中树叶沙沙声、莱茵女仙戏水情景等，都由于"主导动机"的造型手法，加上奇妙的管弦配器，而得到形象化的表现。

华格纳另一个贡献是，加强和扩大了管弦乐队。他把乐队中长笛、单簧管、双簧管等木管乐器和小号、长号等铜管乐器，各增加到4支，圆号增加为8支，还增加了低音小号、倍低音号和特制的大号（称为"华格纳大号"）；竖琴增加到6个；第一小提琴和第二小提琴都相应地增加到16把或18把，使管弦乐队变得空前庞大，管弦乐队的表现力、描绘力大大地得到扩展丰富。他的乐队发出的声音，具有特别奇妙的、美丽丰富的色彩和富于变化的音色。甚至震耳欲聋的最强音，也让人感到像天鹅绒般的柔软。

在华格纳的乐剧中，有很多很好的标题交响乐的画幅。各式各样富于诗意的自然景色，人们热烈的感情，爱的喜悦，英雄的事迹……都在乐队中以动人心魄的力量体现出来。

华格纳乐剧中的歌唱旋律，是以诗为基础，用说话的语气歌唱，将宣叙调与咏叹调合而为一。华格纳的革新给德国民族歌剧带来重要影响，对法国和意大利歌剧也产生了影响。但是他的改革也有一些偏向。过于冗长的剧情，过于庞杂的演出形式，以及过分夸张的感情表现等，又限制了乐剧的发展与推广。

华格纳具有极其矛盾的两重性格。他有大胆革新、追求进步、批评社会腐朽现象的一面，也有敌视生活、追求神秘主义的一面。这种两面性几乎影响到他的整个创作。华格纳早年由于受进步文学团体"青年德意志"活动的影响，又接触了费尔巴哈的唯物主义哲学，特别是对德国专制政权阻碍艺术发展不满，年轻时他曾投身革命，并参加了1849年德累斯顿的五月暴动。起义被镇压后，他被萨克逊政府通缉而流亡国外13年。

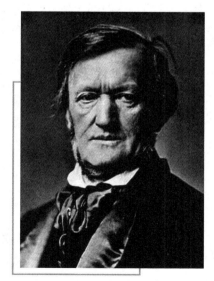

华格纳

109

在这一段时期，他写下了著名的歌剧《黎恩齐》，这部作品表现了罗马人民反封建统治的斗争，气势宏伟，音乐灿烂辉煌，但风格接近法国著名歌剧作家梅耶贝尔，尚未形成自己的风格。随后又写了著名的《汤豪瑟》和《罗恩格林》两部乐剧。

德国革命的失败，使华格纳也像许多小资产阶级那样，由热情转为失望。在这种情况下，他接触了叔本华的反动唯心主义和悲观主义哲学，他的世界观中原来潜伏的错误思想滋长起来，导致他逐渐脱离革命而转向消极和反动。他请求皇帝"赦罪"，表示自己的"忠顺"，并在1865年得到大赦。他的一些创作也日渐走向神秘主义，如受叔本华哲学思想影响极深的悲观主义作品——乐剧《特里斯坦和伊索尔德》，它的音乐写得非常动人，然而它所描写的爱情是脱离了周围生活实际的孤立的爱情，它渴望"黑夜的王国"，到死中寻求安静。另两部浪漫主义倾向的乐剧是《漂泊的荷兰人》和《尼泊龙根的指环》四部曲。

在创作的后期，华格纳以史实为题材创作了一部有高度成就的乐剧《纽仑堡的名歌手》，它在华格纳的创作道路上占着独特的位置。这部乐剧完成于1861～1867年。在此之前，他曾于1859年完成了乐剧《特里斯坦与伊索尔德》。这两部作品是如此的互相矛盾。《特里斯坦与伊索尔德》剧描写了命定的毁灭、黑夜、阴暗和死亡，而《纽仑堡的名歌手》剧表现的却是光明的乐观主义，晴朗的白昼，阳光照耀的喜悦和人生的胜利。

作为资产阶级艺术家的华格纳，在思想上和创作上的两重性，不仅仅是他个人造成的，而且是他所属的阶级和所处的时代造成的。但是由于他对歌剧艺术的贡献，我们还是应该把华格纳看作是这一时期的一位伟大的音乐家。

《尼伯龙根的指环》

歌剧史上篇幅最长的作品是德国作曲家华格纳以德国史诗和神话为题材，自撰脚本并作曲的歌剧四部曲《尼伯龙根的指环》。《尼伯龙根的指环》由四部歌剧组成，也被华格纳称为"舞台节庆典三日剧及前夕"，包括：前夕《莱茵的黄金》、第一日《女武神》、第二日《齐格弗里德》、第三日

《诸神的黄昏》。作品的创作周期长达 26 年，是一部空前绝后的大手笔。整套歌剧初演于 1876 年，其规模巨大，需要 4 个晚上才能演完，并且必须有特殊的超大型剧院。

华格纳的《指环》出于中世纪德国的民间叙事诗《尼伯龙根之歌》。北欧神话中神的身上有着人性的一面，他们不是全能的、所向无敌的，而是有一定的限制，其本身也要面临灭亡的命运，《诸神的黄昏》中就体现了这一万物同归于尽、转换新生的思想。华格纳将这部叙事诗整理后打算写成歌剧脚本，但多数人认为这样庞大的脚本无法配成音乐。华格纳以 200 多个主导动机贯穿全剧，采用明暗两条线来推进剧情的发展，最后成功地完成了这一巨作。

华格纳的歌剧乐队编制庞大，所选择的歌手在音量音色和强度方面都有特别要求，还需要采用一些极端措施保证聆听效果，所以华格纳的崇拜者，巴伐利亚国王路德维希二世为他的《指环》能够上演特别出资建造拜罗伊特剧院（又名节日剧院，1872 年 5 月 22 日破土动工，历时 2 年多，于1875 年竣工），其设计专为配合华格纳的要求，将乐池沉降得更深，最嘹亮的铜管乐器放在最深处，离指挥很远，远远低于舞台上的歌手。1876 年 8月，《指环》全剧于该剧院首演，分 4 天上演，共演两次，每天下午 4 点开始一直持续到深夜。首演的指挥是汉斯·里希特。当时的演出盛况空前，几乎整个欧洲的音乐人士都齐聚到这里，甚至到了发生食物短缺的程度。

这部歌剧汇聚了华格纳对当时歌剧改革所取得的非凡成就，具有划时代意义。他使剧作与音乐达到和谐一致，使音乐协同剧情塑造人物形象。他在歌剧中的交响乐的运用、丰富的和声手法的运用、音乐场景的描写技巧运用以及其他许多极有创意的革新等，将歌剧推向了一个崭新的高度。虽然华格纳的创作充满着矛盾，但他依然是德国最杰出的作曲家之一，在贝多芬之后的德国作曲家之中还没有人拥有像他那样的气魄和胆识。

比才与《卡门》

歌剧《卡门》被广大音乐爱好者誉为歌剧宝库中的一颗明珠。它甚至比它的伟大作者乔治·比才的名字还要响亮。当然，如今人们都已承认比才是法国艺术家群星中占有重要地位的歌剧作曲家。

1838 年，比才生于巴黎一个声乐教师之家，10 岁进入巴黎音乐院学习作曲。他在学院的几年之中，获得了一个青年学生所能获得的全部重要奖赏：14 岁获得巴黎音乐院钢琴一等奖，16 岁获得法国著名作曲家古诺（1818～1893）的作曲一等奖。19 岁毕业于音乐院后，又以轻歌剧《采拉克尔医生》获得一等奖，并从而获得法国人很难得到的罗马大奖，被送往意大利深造。从意大利学成回到巴黎，他一心一意想成为一位杰出的歌剧作家，先后写出《采珠人》《彼尔特城的美女》《查米莱》《卡门》等近 10 部歌剧，前 3 部是他歌剧创作道路上的里程

乔治·比才

碑，《卡门》是他创作成就的最高峰。此外，在创作《卡门》前，他还为都德的戏剧《阿莱城姑娘》配乐，共写了 27 首管弦乐小品，后来被编为管弦乐组曲《阿莱城姑娘》第一、二组曲，是他的另一部杰作。

比才虽然处在巴黎公社诞生的时代，但他对这次革命运动并不理解，甚至抱怀疑态度。可是在另一方面，他又十分痛恨天主教反动势力和"法兰西第二帝国"。1870 年普法战争时，新婚不久的比才积极参加了国民自卫军。高涨的民族意识，使比才的创作向现实主义和人性方面发展。因而，在《卡门》中，比才写出了震惊巴黎上层阶级的崭新内容。

歌剧《卡门》是根据法国 19 世纪批判现实主义作家梅里美的同名小说改编的。歌剧描写一个西班牙吉普赛姑娘卡门，为争取自由、挣脱束缚而斗争的爱情悲剧。在这部歌剧中，主要人物都处在社会的"底层"——烟厂女工、吉普赛人、士兵等。为他们作衬托的，是一群各式各样怀着强烈感情的普通群众，这些人物生气勃勃，形象鲜明。在这种对生活的现实主义描述中，又带有一种西班牙吉普赛的浪漫色彩。歌剧的主要形象卡门是自由和独立不羁的感情的化身，她用自己的行动向资产阶级虚伪道德大胆

挑战。这部歌剧在第一次上演时遭到失败,除了一些演出中的技术原因外,最主要的是由于比才第一次在歌剧舞台上介绍了不是千篇一律的公主和骑士,而是下层的真实人物,这自然触犯那些被巴黎公社吓破了胆的法国资产阶级,他们对这部歌剧的评论是:"多么真实啊!但是……多么丑恶!"

《卡门》首演的失败,对比才打击很大,他十分伤心,非常失望,在1875年6月的一场突发的肺炎中逝世,只活了37岁。比才逝世后,《卡门》再次上演,终于取得巨大成功,而且,100年来,在世界舞台上历演不衰。比才也被公认为19世纪末期现实主义歌剧的伟大作曲家。

最出名的芭蕾舞剧

《天鹅湖》为柴科夫斯基(1840~1893)于1875~1876年间为莫斯科帝国歌剧院所作的芭蕾舞剧,于1877年2月20日在莫斯科大剧院首演。《天鹅湖》是世界上最出名的芭蕾舞剧,也是所有古典芭蕾舞团的保留剧目。

戏剧的剧本可以说是举足轻重的,但在《天鹅湖》里,本来有两个差别很大的《天鹅湖》版本,通常它们会被混合着上演。它们的不同在于对结局的处理。在第一个版本里,王子齐格弗里德被幻象所惑,结局是悲剧式的。但在著名的圣彼得堡版本里尽管结尾音乐是那么悲悲愁愁的,最后的结局却是大团圆。圣彼得堡版本剧本的原作者已不可考。其灵感可能来自一部1786年出版的童话集《德国民间童话》里面的一个叫《被施魔法的面纱》的故事,作者是卡尔·奥古斯都·姆赛斯。里面提到了离德国城市兹维考不远处有一个天鹅池塘,那有着一个关于天鹅少女的传说:当法师施法于天鹅的羽毛时,天鹅就会变成一位少女。这样的主题在许多其他童话里也出现过,特别是那位只有一位王子的爱情才能救她可怜的公主。而悲剧式的结局却是姆赛斯的首创,以前从没在别的童话中出现过。

该舞剧为四幕剧:第一幕,王子齐格弗里德的母亲在其生日前夕告诉他,已成年的齐格弗里德要在第二天选一位新娘,而就在这个晚上,王子去天鹅湖捕猎天鹅。第二幕,齐格弗里德遇上被罗特巴特施咒的公主奥杰塔。她白天是天鹅,晚上却会化成一位少女。只有当某位男子真诚地爱上

她时，她才能得救。齐格弗里德邀
请她第二天晚上来参加舞会，并会
向母亲表示，愿意娶奥杰塔为妻。
第三幕，王子与各国的公主和使节
都来出席齐格弗里德的生日宴会。
罗特巴特也带着他的女儿奥吉莉亚
来了。奥吉莉亚利用是奥杰塔的形
象迷惑齐格弗里德与她缔结了婚
约，但不久当齐格弗里德就意识到
这一切并立即赶往天鹅湖。第四
幕，王子请求奥杰塔的宽恕，而奥
杰塔也原谅了他。这时罗特巴特用
魔法卷起大浪，要淹死齐格弗里
德。奥杰塔为了救他纵身跃入
湖内。

《天鹅湖》剧照

　　在这个舞剧里面，奥杰塔和奥吉莉亚通常是由同一位女芭蕾演员扮演
的。这是古典芭蕾舞角色里面难度最高，而且强度最大的挑战之一。不但
是因为两个角色截然相反，而且舞蹈动作要求也非常严格。其中之一是第
三幕里一场景里黑天鹅的 32 圈名为"挥鞭转"的轴转。这 32 圈挥鞭转要
求连续完成，整个过程脚尖的移动范围不能超过一条皮带围成的圈才为优
秀的表演，这十分考验女演员的腿部力量。这 32 圈挥鞭转是马林斯基剧院
第一位首席女芭蕾舞演员莱尼亚尼的绝技。而这一高难度动作后来也作为
天鹅湖里的一段重头戏。

影视篇

　　影视是电影和电视艺术二者的合称或简称。影视艺术是运用画面构图、镜头、蒙太奇、光影、色彩、声音等手段塑造艺术形象、表象审美情感的艺术样式。影视文化虽诞生较晚，但却后来居上，具有囊括与整合所有艺术形式的优势。

黑色电影

　　黑色电影主要出现在 20 世纪 40 年代的好莱坞，以大量的街道背景，表现主义的视觉风格，侦探、犯罪一类的题材和阴暗、悲观、恐惧情绪为特征的影片。这一词语是法国影评家尼诺·法兰克在 1946 年因受黑色小说一词的启发而创造出来。它不是指一种类型，而是指主要归属在侦探片类型中或犯罪题材下的一种影片风格。

　　黑色电影常用的手法有：（1）低调子、低角度照明、大光比的布光、非常硬朗的摄影调子；（2）不稳定的构图、形状奇特的光区和线条、物体（门、窗、楼梯、金属架）常形成对人的分离和挤压；（3）演员经常处在阴影中；（4）经常使用摄影上的构图、角度、运动来控制场面；（5）经常使用复杂的叙事时空来加强人对过去的宿命感和对未来的绝望，（6）黑色电影的主人公往往是挤在警察与罪犯之间的侦探，他们不想与罪恶的世界同流合污但又处于虽愤世嫉俗但无可奈何的境地。一般认为 1942 年约翰·休斯顿改编并导演的侦探片《马尔他之鹰》奠定了黑色电影从视觉风格到叙事手法和主人公（亨弗莱·鲍嘉饰）形象等一系列的基本特征。

　　20 世纪 50 年代中期以后，黑色影片便逐渐消失。黑色影片还指法国战后一批导演以强盗生活和其他犯罪行为作为题材而拍摄的一系列影片。这其中的代表性人物是让·皮埃尔·梅尔维尔。

意识流电影

意识流电影是20世纪50年代中出现、延续至今的以意识流为理解世界的主旨、以意识流为人思维的经常形式、并以意识流的方法创作的电影。意识流一词来自20世纪初的哲学和文学。最早也是最著名的作品有：伯格曼的《野草霉》、雷乃的《广岛之恋》等。

可以在两个层次上理解意识流在电影制作中的作用，一是把它作为一个结构影片的方法。或是说，利用它为展现不在影片正常时间进程中出现的事件提供契机，比如人们所说的回忆场面。其次，意识流可以是一种思想方法、世界观。第二类的意识流电影当然可以被看作是"纯粹"的、正统的。这种类型很难进一步具体界定，但起码有如下几个特征：（1）意识流已不仅是结构手段，而是上升为整个影片的主旨；（2）影片中有时故事的现实时空与意识流中的几个时空已无法明确分辨，事件的主观色彩浓于客观色彩；（3）任何风格的场面，如荒诞的、梦幻的、错觉的、抽象的等等都有资格出现在意识流的段落中；（4）意识流段中的几个时空在影片的前后顺序中经常错位；（5）回忆、联想等都非常个人化，是细腻的个人的感觉，别人难以捕捉或预测的东西。这一类作品中比较典型的，有瑞典的伯格曼、法国的雷乃、意大利的费里尼等人的部分作品。

《野草莓》与英格玛·伯格曼

1956年秋，38岁的瑞典电影导演英格玛·伯格曼驱车来到乌普萨拉大学城，他曾在这里阿祖母一起度过了他的童年时代。他站在祖母的旧居前，手扶门把，突然想到：如果推开门，还能够回到童年时代吗？这一突乎其来的念头，便是他在1957年拍摄影片《野草莓》的最初动因。

要准确复述出这部影片的故事，显然是十分困难的。可以说，这是一部关于一个能够回到往昔、能够重复已有体验和能够召回死去的人的影片。

伯格曼在这部影片中，借用了小说中意识流手法和技巧，摆脱了传统的剧情结构模式的束缚，打破了正常的时间顺序和叙述逻辑，把现实、回忆、梦幻、想象、体验、意念交织在一起，通过生动的银幕形象，真实地揭示了一个孤独、冷漠的老教授的内心。因此，《野草莓》所着重表现的，与其说是老教授的一生，还不如说是他对人生的探索。这就形成这部影片非常复杂的结构。

在现实层面上，剧情是横向发展的。老教授驱车离开斯德哥尔摩前往隆德，去接受那儿的大学授予他的荣誉学位。这一路上，便成为他人生旅途的象征。途中他遇到各种各样的人，先是两个小伙子和一个姑娘，他们的三角恋爱使老教授想起过去的爱情生活；后来是一对争吵不休的夫妇；在加油站，又遇见了另一对夫妇，他们动情地回忆起他过去的事。老教授还一路重访了过去熟悉的各个地方。这些人、这些事和这些地方，重又勾起他对过去生活的回忆和眷恋。这样，故事便在某些关键时刻暂时停顿下来，而进入老教授的内心世界，结构变为纵向展开，描述他整个的一生。最后，他参加接受荣誉学位的盛典后回到家中，试图改变同家人和周围其他人的关系。影片以他的一个温暖的美梦结束，与开始时的恶梦遥相呼应，形成鲜明的对比。

英格玛·伯格曼不仅自己以电影的形式去探索、阐释、思考人与生命、残疾、宗教、老年、妇女等各种富有哲学意义的理性问题，而且在一定时期内将整个瑞典电影引上了一条被欧洲影评界称为"灵魂的电影"的创作道路。作为现代电影的创作者，伯格曼被认为是世界上最伟大、最有影响的导演艺术家之一，称他为世界现代电影的"一代天骄"。

意大利新现实主义电影

意大利新现实主义电影，是世界电影发展史上光辉的一页。这一电影潮流是顺应第二次世界大战后的新形势而产生的。作为二战战败国的意大利，战后社会一片动乱，人民在极度贫困和绝望中挣扎。面对这样的社会现实，进步的意大利电影艺术家，把自己的艺术目光从形式主义转到现实主义，努力反映意大利人民的现实生活，创造了一批著名的新现实主义电影。这股清新蓬勃的电影潮流，影响极为深远，至今仍被许多进步电影艺术家奉为楷模。

意大利新现实主义电影的主要特点是：注意表现日常生活和普通小人物的命运，强调纪实性，反对矫揉造作，排斥戏剧性因素，追求朴实自然的艺术风格，靠真情实感打动观众，并激励观众思索生活、改变命运。如新现实主义的代表作《罗马十一点》，影片的故事梗概是：某公司要招聘一名打字员，因为当时人们大量失业，就业又极为困难，所以前来应聘的达上千人。天刚蒙蒙亮，早就有人在排队等候了，之后，陆续到达的妇女们挤满楼梯，你推我搡，破楼梯突然倒坍，把这些可怜的妇女们压在了石头下面，使许多妇女受了伤。影片着重从不同侧面描写了 10 个不同命运的妇女，反映当时意大利社会的贫困、动乱和腐朽。影片的结尾新颖别致，余韵悠长：惨案过后的第二天，一个幸存者一大早又来排队，因为那个打字员的职位仍未确定。这部影片没有任何曲折离奇的戏剧性情节，只是按照生活本身的"日常性"加以表现。

新现实主义电影的另一个特点，是打破传统的明星制，大胆起用非职业演员扮演角色，从而给新现实主义电影带来充满活力的新面孔，使电影更具有写实性、更具生活化，如《偷自行车的人》的主演，就是一个生活中的失业者。

新现实主义电影的再一个特点是纪实性。影片几乎全用实景拍摄，导演鼓励摄影师扛上摄影机到街头拍片子。这类影片往往没有完整的剧本，只有个故事梗概或剧本大纲，对话也是即兴式的。另外，新现实主义电影不强调蒙太奇的主观性，而是让画面以生活的本来面目呈现出来。

20 世纪 50 年代末，在法国兴起了"新浪潮"电影，这股电影思潮的主要特点是：反对传统的艺术表现手法，强调生活化和纪实性，有的往往带有现代派艺术的荒诞性和精神分析特点。例如，《四百下》（又译为《胡作非为》）这部"新浪潮"电影的代表作品，着力表现了一个失去了家庭温暖的孩子逃学、撒谎、闲逛等一系列不含有戏剧冲突的日常生活琐事，全片绝大部分镜头在现场用实景拍摄，造成一种自然而然的"生活流"。

这类电影的另一个突出的特点，是用意识流手法揭示人的潜意识。它往往自由转换时间和空间，使时空错位的电影画面，成为一种人的潜意识的外化。例如，被称为电影史上的一颗"原子弹"的《广岛之恋》，大幅度自由运用镜头，电影画面一会儿是 40 年代，一会儿又回到 50 年代；一会儿是日本的广岛，一会儿又回到法国的德寇占领区。过去和当前两种场景，用对白和音乐穿插在一起。在法国的地窖里，出现的是日本酒吧间的音乐；在日本又出现法国音乐。影片通过这种"时空错位"的表现手法，着力揭示和渲染人物心灵深处一般难以显露和表现出来的潜意识。

"新浪潮"影片和现代派电影，有的独具特色，别开生面；有的则比较晦涩难懂，甚至令人不知所云。有的导演往往只顾表现个人的风格，而对影片的内容不感兴趣。如《去年在马里昂巴德》这部现代派电影，没有故事情节，连人物姓名也没有，人物用 X、Y 等代号。另一部现代主义电影《蚀》也有这种情况。

"新浪潮"和现代派电影，作为一种思潮，对后来的意大利、德国电影以及世界影坛，都有深远影响。

《四百下》

《四百下》是法国新浪潮电影导演弗朗索瓦·特吕弗 1959 年创作拍摄的一部具有自传性质的影片。影片主人公是一个 12 岁的孩子，叫安托万。他是个私生子，父母都不疼爱他。刻板的学校生活令他生厌，于是常常逃学。家长知道后，他挨了打。他又气又恼，便从家里逃出，去偷东西。一次，当他去归还一台从父亲办公室偷来的打字机时被抓，家长把他送交法庭。安托万被送到青少年罪犯拘留所，受到非人的对待。后来，他逃出拘留所，跑到海边，跳进水里，随即他又停下，等着追来的警察。此时画面定格，他盯视着观众，脸上的表情神秘莫测，他的命运使观众萦绕于怀，久久难忘。

法国新浪潮提倡"作家电影"，主张一部影片的真正作者应当是导演，导演像作家一样，要用自己对世界独特的认识来表现现实，只不过作家是用笔，而导演是用摄影机。《四百下》就是一部极富艺术个性的影片。它自始至终没有持续不断的冲突程式，也没有通常观念的情节模式，而是由许多互为对照呼应的小故事连缀而成的组曲。既是纪实的，又是抒情的，对小主人公在严酷现实打击下所引起的内心矛盾，进行了细腻而深刻的揭示和剖析。而在这一点上，音乐起到了很好的烘托作用。然而，影片不限于描写事物的表面，也不仅仅止于心理分析，而是对法国当时的家庭、学校以致整个社会进行分析研究，特别是无情揭露了社会偏见与平庸生活中的困难如何毒害家庭关系，因而具有广泛的社会批判意义。特吕弗注重电影的造型表现，突出动作和行为，使《四百下》近乎半默片。很多场面完全依赖画面形象的艺术张力和音乐音响的感染力，来激发观众的情绪。移动摄影和静止摄影交替使用，主观

《四百下》海报

镜头与客观镜头的自由转化，画面的流动随着人物的内心感情的起伏跌宕而呈现出某种独特的韵律。

著名国际电影节

威尼斯电影节

威尼斯电影节创办于 1932 年 8 月 6 日，每年一次，八九月份在意大利威尼斯举行，为期两周。电影节期间举行纪念活动、讨论会及开设电影市场。

由于它是世界上第一个电影节，被誉为"国际电影节之父"。设"金狮奖"和"银狮奖"。1992 年我国张艺谋执导的《秋菊打官司》获该节"金狮奖"。

戛纳电影节

戛纳电影节创办于 1946 年 9 月 20 日，在法国只有两三万人口的小镇戛纳举行。每年 5 月举行，为期两周。此节着重艺术上的探索，设"金棕榈奖"。1994 年我国陈凯歌执导的《霸王别姬》获此奖。同年，张艺谋执导的《活着》获该节仅次于"金棕榈奖"的"评委会特别奖"。1994 年 5 月 24 日，我国演员葛优获该节"最佳男演员奖"。

柏林电影节

柏林电影节于 1951 年创办，每年一次，2 月底至 3 月初举行，为期两周，是世界上最有影响的综合性电影节之一。设"金熊奖"和"银熊奖"。1982 年，我国美术片《三个和尚》获该节最佳编剧"银熊奖"；1988 年，张艺谋执导的《红高粱》获"金熊奖"；1989 年，吴子牛执导的《晚钟》获"银熊奖"；1993 年，谢飞执导的《香魂女》和我国台湾李安执导的《喜宴》同获"金熊奖"；我国导演陈凯歌，1989 年当选为该节评委。

莫斯科电影节

莫斯科电影节由前"苏联电影委员会"和"苏联电影工作者协会"于 1959 年创办，两年一次，7 月底至 8 月初在莫斯科举行，为期两周。宗旨是为了电影艺术的人道主义，为了各国人民之间的和平与友谊。设金奖和银奖。我国 1959 年送的《老兵新传》获该节银奖。

卡罗维发利国际电影节

卡罗维发利国际电影节是由原捷克斯洛伐克政府于 1946 年创办，每年 6~7 月间举行，为期两周，1959 年后，改为两年一次。设"水晶地球仪"奖。由谢晋导演，姜文、刘晓庆主演的我国影片《芙蓉镇》曾获第 26 届卡罗维发利国际电影节"水晶地球仪"大奖。

圣塞瓦斯蒂安国际电影节

圣塞瓦斯蒂安国际电影节于 1953 年创办于西班牙海滨城市圣塞瓦斯蒂安。

每年 9 月举行，为期 10 天左右。该电影节设有"金壳奖"、"银壳奖"等。由湖南电影制片厂拍摄的《湘女潇潇》，获得了 1988 年的"堂吉诃德奖"。

东京国际电影节

东京国际电影节是亚洲最大的国际电影节。于 1985 年 9 月在日本东京创办。每两年一次，自 9 月底至 10 月初举行，为期 10 天。该电影节设置了大奖、评委特别奖、最佳导演奖、最佳男、女演员奖、最佳剧本奖、最佳艺术片贡献奖。所有奖项均不发奖金，只颁发荣誉称号。电影节由 2/3 以上的外国评委组成。

东京国际电影节越来越被世界各国人民所瞩目，成为有重大影响的国际电影节之一。

奥斯卡奖

每年三四月份间，美国电影艺术与科学学院的奥斯卡金像奖颁奖典礼，都在太平洋之滨的美国名城洛杉矶的音乐中心举行。这一年一度的颁奖会，不仅是美国电影界的一件大事，而且也是世界影坛中一件令人注目的盛事。

金像奖向来为人们所津津乐道，因为它是美国最高的电影荣誉，获奖者如一登"龙门"，马上身价百倍。所以，夺取这尊金像，一向竞争十分激烈。

为什么将金像奖命名为"奥斯卡"呢？这还得从金像的设计说起：金像的造型本由米高梅公司的美工师塞德里克·吉木斯构思而成，后由青年雕塑家乔治·斯坦利于 1928 年完成塑像的制作。这尊金像的主体是一个男人站在一盘电影胶片上，他手中紧握战士的长剑，身长 34.5 厘米，重 3.45 千克，由铜为主的合金铸成。因塑像呈金色，故称之为金像奖。得名奥斯卡是在 1931 年颁发金像奖之时，说来也纯属偶然：当年颁奖前夕，评审委员会的成员在一起评议金像，当时的艺术与科学学院的图书馆管理员玛格丽特·赫里奇仔细地端详了金像后，情不自禁地叫道："呀！他看上去真像我的叔叔奥斯卡。"于是，艺术与科学学院的工作人员便称金像为奥斯卡，这个名称也从此闻名全球了。

首届金像奖是 1929 年 5 月 16 日于好莱坞罗斯福饭店举行的，奖赏 1927～1928年的最佳影片，当时一部叫《翼》的影片被选为 1927～1928 年度最佳影片，弗兰克·博泽吉因导演《七重天》而获奖。

奥斯卡奖原来是两年评选一次的，自 1934 年起，才变为每年颁行。1953 年，标志着奥斯卡历史上的一个里程碑，因为从这一年起，全部授奖过程第一次通过电视向全国作实况播放，如今，还通过卫星传送，全世界 70 多个国家都可以收看到颁奖仪式的情景。

从奥斯卡 70 年来的评奖活动来看，获得金像奖的，不见得都是佳作。不少所谓得奖的影片，它的意义往往是商业价值，而不是它的艺术价值。奥斯卡奖项不代表世界最高水平，或许能代表美国的一流水平，因为奥斯卡奖主要是奖给本国的，因此它基本算是一个国内奖。不过，现在奥斯卡有一项最佳外国片金像奖，也增加了它的国际意义。由于奥斯卡巨大的影响力，引得各国导演（包括中国）趋之若鹜，纷纷欲夺此项金奖。

卓别林与《大独裁者》

美国喜剧电影大师卓别林（1889～1977）拍摄的《大独裁者》这部杰作，不仅在美国受到欢迎，而且赢得了全世界的电影观众。

影片一开始，就把观众带到第一次世界大战时期。穿着军服的理发师，在前线充当炮手，他救了一名飞行员，但由于飞机坠落时飞行员脑部受伤，完全失去了记忆。当他回到家乡，那里的情况已发生巨大变化，一个叫兴格尔的独裁者当了政，正在把整个国家引向法西斯狂热之中。犹太人遭到迫害，不得不起来反抗，于是出现了一系列充满笑料和滑稽动作的殴打和追逐。后来，理发师从集中营里逃出，由于他的相貌与兴格尔酷似，被错当作兴格尔，而真正的兴格尔被关进监狱。在群众集会上，理发师被人拥上讲

卓别林

台。他先是惊恐不安，继而不知所措，最后他镇定自若，慷慨陈词，谴责侵略战争，呼吁友爱、团结与和平。

联系影片拍摄的时代背景和兴格尔的形象特征，人们会很自然地意识到，卓别林把讽刺和嘲笑的矛头，直接指向了希特勒和他所建立起来的"新秩序"。他的讽刺，从来没有这样辛辣过，充满着对法西斯的刻骨仇恨。影片用讽刺和抨击的艺术手段，把战前德国的很多特点概括出来，不仅公然嘲笑了希特勒，而且以惊人的远见，预言了他的必然下场。这使它成为美国最早的反法西斯艺术片之一。

卓别林在影片中同时扮演了理发师和兴格尔。由于这两个极不相同的人相貌极其相似，常常造成误会和巧合，使情节曲折离奇，妙趣横生，讽刺与抒情、喜剧与悲剧达到巧妙的结合。他所扮演的理发师，保持了过去卓别林影片主人公的传统性格特点，既幼稚天真，又狡猾世故；既懦弱蠢笨，又大胆机警；既一副可怜相，又神气活现，迈着不慌不忙的鸭子步，徜徉在人群之中。同时，卓别林又借助怪诞、几近漫画式的外貌素描，揭示出独裁者兴格尔疯狂可怕的内心真实。卓别林的喜剧才能，在影片中得到充分发挥，许多喜剧性场面，至今为人们所称道。如理发师按照华尔兹舞曲的节奏，神情专注、动作优雅地替顾客刮脸；兴格尔在"天鹅武士"的旋律中，像玩气球似地随意摆弄地球仪的游戏等，都具有独特的银幕表现力，是任何文学作品都无法表述的。

在这部影片中，卓别林第一次在银幕上张口说话，结尾长达6分钟的鼓动性演说，已经是卓别林在用自己的热情和良心，呼唤人民的觉醒。

喜剧经典《淘金记》

这是世界著名电影喜剧大师查理·卓别林的代表作，也是世界喜剧片的经典之作。

故事情节是这样的：流浪汉夏尔洛去淘金，遇上胖子吉姆，他们历尽艰辛，找到金矿，成为暴发户，夏尔洛与他一直爱慕的乔治亚喜结良缘。故事本身并不新奇，但是卓别林充分调动电影手段制造喜剧效果，非常成功。

　　影片一开始就渲染了环境，突出了夏尔洛的险恶处境；他在白雪茫茫的荒原上乱闯，似乎迷失了方向，在画面中，他的身后出现一只熊，而他却根本没有察觉。影片把一种灾害的可能发生与主人公对此毫无意识这两种对立的因素通过视觉形象表现出来，既有喜剧效果，也预示了夏尔洛将要面临的危险处境。同时也为影片定下基调：这是一部具有悲剧性因素的喜剧片。

　　构成这部影片的是许多段落，每个段落有自己的基本主题。这些主题往往是严肃的，但在影片的叙述过程中却充满了喜剧场面。卓别林靠这些喜剧场面的逐渐积累，突出每个段落的基本主题。例如夏尔洛在小屋中遇到了逃犯拉森和大个子吉姆，他们共同受到饥饿威胁，卓别林以饥饿的威胁为主题，设计了一系列独特的喜剧场面。夏尔洛把皮鞋煮了，然后分而食之，这还不够可笑。可笑的是他们模仿参加盛大宴会的方式吃皮鞋，把鞋带当做通心粉，用叉子卷起来吃，把鞋当做鸡肉，但是吐出来的不是鸡骨头，而是鞋钉。接着吉姆因饥饿而丧失理智，影片以吉姆的主观视点表现，夏尔洛在吉姆眼中像鸡一样走路，随后变成了硕大的鸡，吉姆想打死夏尔洛充饥。这种主观镜头表现的幻觉在卓别林影片中并不多见，它不仅加强了喜剧效果，也暗示出严肃的主题：当人们在生死存亡的紧急关头，就有可能丧失理智而自相残杀，人为了追求财富（在这部影片中是淘金）就会发展到人吃人。由此可见，他对社会现实的批判是深刻的，而表达方式却是非常巧妙的。

　　喜剧一般难于塑造丰富的正面人物形象，特别是用抒情感伤情调，表现带有悲剧性的命运，而《淘金记》却表现得很成功。这主要体现在夏尔洛与舞女乔治亚的爱情方面。开始夏尔洛陷入了可悲的境地，他对乔治亚一见钟情但看来却没有发展关系的希望。影片的剪辑巧妙地突出了这点：他看着迷人的乔治亚，发现她也笑容可掬地向这个方向看，他受宠若惊，迎上前去，才发现她根本没有注意他，而是在频频向他身后站着的杰克眉来眼去地调情。后来，她与杰克闹别扭，为了气他，故意要找一个舞场中最不起眼的舞伴，因此挑上了夏尔洛，可见他在她眼中的地位。他成为人们嘲笑的对象，先是裤子要掉，他用手杖勾住；后来他顺手抄来一根绳子拴住裤子，我们会以为他总算渡过难关，不料绳子那一头拴着一只狗，这狗去追一只猫，又把夏尔洛拉倒，造成一场混乱的闹剧。观众尽管被逗笑，但始终同情夏尔洛这个被侮辱的小人物。这个段落的高潮是夏尔洛的梦幻。除夕夜，他苦苦地等待乔治亚及其他舞女赴会，而她们早把这事忘在脑后，在舞厅与杰克寻欢作乐。对比十分鲜明。这时夏尔洛陷入梦幻境界：乔治亚等人飘然而至，央求他表演节目，他用叉子叉起两个梭子形的小面包，当做舞女的脚，随着音乐节奏，模拟舞女的舞姿，在桌面上翩翩起舞。这是电影史上的一个经典段落，卓别林的模拟舞蹈技艺高超，富有韵律，本身有极强的喜剧性，而且突出了他的感情纯真质朴，反衬出乔治亚等人的庸俗和缺乏人性。这里，感伤情景和喜剧场面完满融合，使人意识到，最可笑的地方恰恰也是悲剧性最强的地方。观众是含着泪在笑。

这部影片在利用道具制造喜剧的视觉效果方面也有独到之处。例如夏尔洛和吉姆住的小木屋被风刮到悬崖边，观众发现他们危在旦夕，而他们却浑然不觉，于是导演利用小木屋在悬崖边上的平衡做为悬念，制造了大量喜剧噱头。但是观众一方面为他们的处境担心，另一方面却并不真正相信他们会摔得粉身碎骨，因为前面的喜剧情调已经确立，所以观众从他们的狼狈处境中感受到的只是喜剧性快感。由于是无声片，这种喜剧性不是来自语言和音响，而是来自视觉。观众亲眼看到他们面临一个又一个的危机，而又逢凶化吉，必然会发出会心的笑。

影片的结局是完满的大团圆，这在卓别林的喜剧片中是少见的。这个结尾在影片内容方面意义不大，但是在喜剧结构方面有作用，它平衡了喜剧性和悲剧性所占的比重，使影片喜剧性占上风，满足了观众的同情心，他们希望这位始终受欺辱的小人物最终交好运。

《现代启示录》

《现代启示录》是美国反映侵越战争的一系列影片中最成功的一部。

这部影片采用了英国作家约瑟夫·康拉德最著名的小说《黑暗的心灵》的框架。原小说是讲一位青年船长去刚果做生意，并奉公司之命去害该公司驻刚果分公司的代理人库尔茨。船长到刚果后理解了库尔茨，没有杀他，把他带到英国。影片根据这部小说改编为：美国侵越部队的特种部队上尉威拉德奉上级命令去暗杀一个美国上校库尔茨。库尔茨在越南战争中精神失常，成为当地土著部落的领袖，因不听从美军调遣，而且有损美国声誉，必须除掉。威拉德带领四名士兵乘一艘巡逻艇从西贡出发，沿湄公河上溯，影片从威拉德的视角展示了侵越美军的一系列暴行。

作为战争片，这部影片有一些独特之处。

首先影片构思巧妙，整体设计新颖而完整。影片中的湄公河象征人类历史发展长河。当威拉德一伙顺河上溯时，看到并参与了一系列暴行，他们的人性越来越少，兽性越来越多，等到他们找到库尔茨时，已变得比库尔茨更凶残。这意味着战争使人类退化。这种意图也许不易理解，但是毕竟谴责了战争对人性的扭曲。表现了编导反对侵略战争、渴望和平的愿望。这种对侵越战争的反思，也推动了美国国内的反越战的运动。

其次影片采用从现实主义逐渐向超现实主义过渡的创作方法，从揭露现实发展到探求哲理，衔接自然流畅，浑然一体。在用现实主义手法描绘战争时善于选择典型的人物和事件。例如，威拉德遇上一位美军中校，名叫基戈尔，他好战成癖，以杀人为乐趣。他一边乘直升飞机对越南平民狂轰滥炸，一面用大功率扩音器播放华格纳的音乐，感到特别兴奋快乐。他为了要在战争进行的时候安全地欣赏士兵冲浪，派飞机把海边的丛林烧成一片火海，他说自己最喜欢闻凝固汽油弹爆炸燃烧的气味，可见他已变成杀人魔王和战争疯子。这是美国好战的上层军官的典型。最开始威拉德对基戈尔这种人感到不可理解，但是，随着他们越来越深地陷入战争泥潭，自己也越来越残忍。有一次遇到一只小船，在检查时，并没有发现什么异常情况，忽然一只小狗动了一下，他们惊慌失措，开枪猛烈扫射，打死多人，真是风声鹤唳，草木皆兵。有的士兵对自己的暴行深感内疚，要给受伤的越南妇女包扎，一向温文尔雅的威拉德竟然开枪打死她。他们自己生活在恐惧之中，整日酗酒吸毒，无可救药。最后威拉德找到了库尔茨，终于明白，是这种侵略战争把他逼疯了。他杀死了库尔茨，土人们拥戴他为领袖，他陷入矛盾之中。最后这段已不是写实主义风格了，带有鲜明的超现实主义成份。这也许不能恰当地解释侵略战争的本质，但是编导严肃认真的积极探求真理的态度是值得赞许的。观众跟随威拉德走进越南丛林，也仿佛经历了这场荒诞、恐怖、灭绝人性的战争，自然会反对战争。编导曾希望把这部影片拍成一部没有政治口号的政治片，显然他们达到了预期的目的。

这部影片技巧运用别出心裁。特别是摄影和音乐成功地渲染了战争气氛，有极强的艺术感染力。如拍摄直升飞机一面轰炸一面放音乐时，摄影角度变化灵活，音响震撼人心，二者综合，组成强烈的视听效果，恰如其分地表现出美军的疯狂。在拍摄歌舞明星劳军一场时，强烈的聚光灯柱不断横扫，数千名美军官兵骚动不安，不仅与一般美国歌舞片的华丽场面截然不同，而且与周围阴沉黑暗的丛林形成鲜明对比；美军官兵兽性大发，劳军女郎仓皇乘直升飞机逃跑，拍得有声有色，惊心动魄，仿佛到了世界末日。特别是最后一部份，库尔茨始终处于黑暗之中，强烈的以阴暗为主调的画面造型突出了神秘莫测的气氛，也暗示出库尔茨的阴暗心理。这些都已成为战争片的著名段落。这部影片获得第 52 届奥斯卡奖中的最佳摄影和最佳音响效果两项金像奖。

《巴顿将军》

《巴顿将军》是一部以真人真事为依据拍摄的电影。但它不是严格意义的人物传记片，而是经过艺术加工了的战争题材故事片。它巧妙地把教化功能和艺术性、观赏性结合起来，成为一部成功的好莱坞作品。

影片基本采用写实的手法，着重表现了战争与人的关系，成功地塑造了有"暴戾军神"之称的巴顿将军。因此巴顿的独特性格无疑成为构成影片魅力的重要因素。他受过良好的军事训练，是西点军校的高材生，又是美国最富有的将军。他常常用粗话骂人，脾气暴烈，喜欢打硬仗，用他自己的话说就是"美国人一向是爱斗的"，"美国人爱胜利者"。他酷爱战争，是一个典型的战争动物，是没有战争就无法生存的人。他对布莱德雷将军说："一个职业军人应该死在最后战争的最后一仗里，被最后一颗子弹打中。"这是一种诗意的表达。而书生意气恰恰是巴顿不同于一般军事将领的一个重要特征。从本质来说，巴顿是一个性情中人，是书生意气与将军本色的天然合体。巴顿的古典气质和书生意气在美军墓地和参谋一起漫步的一段中有明显的表达。远景中巴顿和参谋立在沙漠里，背后是两行脚印，切到近景，巴顿谈起他想和"混蛋天才"隆美尔像古代骑士一样单独决斗："隆美尔和我各乘坦克，相隔20步停下，出来握握手，再进坦克进行战斗，就我们俩。这次战斗决定战争的胜负。"参谋笑着说他的想法已经不时兴了。因为这已是20世纪。巴顿感慨地说："天哪，我真恨20世纪！"

影片中用手枪打飞机的情节也显示了他的这种个人英雄气质。盟军飞机掩护跟不上，制空权被德国人控制，巴顿一人冲出司令部，用手枪向飞机开火。仰角拍摄的巴顿将军正面立着，向天上敌机喊："打吧，混蛋，对准我的鼻子打！"这时，盟军官员在二楼阳台上叫他："快回来，乔治，我们需要一个司令官，不是一个伤员。"巴顿不理会，举枪向飞机发射。这时片中插入腿的特写，巴顿两只穿皮靴的脚占据了整个画面，透过其画面上的腿，敌机正飞过。接着一个中景，巴顿向飞机射击，摇镜头跟了一周。当然，他不可能打到飞机，但他的英雄气质却表现得淋漓尽致。

为了塑造性格鲜明的巴顿形象，影片采用了对比方法。与巴顿不同，布莱德雷和蒙哥马利是另外类型的将军。布莱德雷是一个理性的将军，正如他自己对巴顿所说的："我打仗是因为他们训练我打仗，你打仗是因为你爱打仗。"他老成持重，斯文，有政治头脑，没有诗意，却更善于协调关系，做了集团军司令。事实也证明，他被授予五星上将，而巴顿却只是四星上将。蒙哥马利在影片中被丑化以衬托巴顿。巴顿走路、敬礼的动作严正规范，而蒙哥马利走路摇摇晃晃，敬礼五指分开，毫无大将风范。然而，战争结束后，蒙哥马利

巴顿将军本人

得到了女王的接见，成为英国下任帝国军队的参谋长，而巴顿却因失言被解除军职，离开他视为生命的军队。布莱德雷和蒙哥马利在性格和命运上

与巴顿的对比恰好使巴顿的性格更为突出。

影片不仅正面描写巴顿，也利用德军反应来强化巴顿形象，而且更有说服力。史其格尔上尉向隆美尔汇报情况既是德军的实际需要，又避免了正面叙述，突出了巴顿的性格特征："他爱写诗，提倡死而复生，他祈祷虔诚，又会用下流话骂人。他的格言是永远进攻，决不退缩。"这恰恰从侧面突出了巴顿将军的形象。

《广岛之恋》

《广岛之恋》是法国电影导演阿伦雷乃首次长片之作，本片获 1959 年戛纳国际电影节评委会大奖，在法国电影艺术与技术科学院 1979 年评选的"法国十大佳片"中名列第七。

《广岛之恋》写的是一位法国女演员到广岛拍摄一部宣传和平的影片，与一位日本建筑师产生了短暂的爱情，从而唤起她对初恋情人的回忆。二战时期，在她被德军占领了的家乡内韦尔，她与一个德国士兵相爱了，但恋人被抵抗战士的冷枪打死，她也被视为法奸被剪光了头发。恍惚中，她把两个情人混同起来了。不能实现的爱情、即将到来的离别、广岛遭原子弹浩劫的惨剧、她个人的痛苦回忆……一切都混淆在一起了。他们彼此呼唤着对方："广—岛！内—韦—尔"。影片一问世即轰动西方影坛，被誉为"空前伟大的影片"，"也许和《公民凯恩》同样重要"。

《广岛之恋》在一定意义上是西方电影从传统时期进入现代时期的转折点，它宣告了一个与新浪潮电影同时期的流派即"左岸派"的崛起。它也是"作者电影"的代表作，既具有编导者的独特风格，又有十分浓烈的文学色彩。与传统电影通常的单一表现不同，本片意蕴暧昧多义，可作多层次阐释。它既表现了——个爱情故事，又折射了战争，进而达到对和平主义的赞颂。它还以矛盾运动的辩证结构阐发了"忘却"与"记忆"之间的复杂关系，告诫人们不要忘记惨痛的历史。

本片一反传统电影的线性叙述，将时空交错的意识流、象征主义、"新小说"的文学语言有机地融为一体，极大地拓展了电影语言的空间。大段的内心独白、祷文式的叠句、咏叹式的朗诵，为一般影片所罕见。导演运用画面表现了人的潜意识活动，形成影片现实与记忆交错，不同时空交叉的意识流叙事方法，同时在视觉与语言之间达到完美的平衡。大量的象征手法使影片的人物与内涵具有抽象和普遍的意义。

《党同伐异》

《党同伐异》是美国电影大师格里菲斯在 1916 年拍摄的一部无声片。由于思想模糊，令人费解，影片上映后，对观众来说是完全失败的。但是，从电影艺术的角度来看，这部影片无疑是格里菲斯电影创作的高峰，同时也是 20 年代美国电影艺术发展达到最高点的标志，在世界电影史上占有重要地位。

这是一部规模庞大、耗资甚巨的影片。格里菲斯汇聚了许多著名演员，雇佣了众多群众演员，为拍摄波斯军队，竟动用 16000 人！同时制作了大量雄伟壮观的布景，其中最著名的是巴比伦宫殿，纵深达 1600 米，周围有高达 70 米的尖塔，在四层楼高的城墙上，能容纳两辆 4 旺马拉的古战车同时交错驶过。全部摄制费用达 200 万美元，历时达 22 个月。影片亏本达 100 万美元以上，使格里菲斯几近破产，以致无力将这座古城拆除，在以后的 10 年间，一直屹立在好莱坞，成为一大"古迹"。影片的一个显著特点，是采用交错叙述的剧作结构形式。

整个影片包括四个部分："巴比伦的陷落"、"基督受难"、"圣巴泰勒米节的屠杀"和现代剧"母与法"。"母与法"所表现的是美国一次罢工惨案，它成为《党同伐异》的情节核心，其他插曲作为一种隐喻围绕着这个核心展开。四个故事不是分开表现，而是同时展开的，互相穿插，交替进行。格里菲斯运用交叉蒙太奇这一艺术手法，在极为广阔的历史背景上，揭示任何时代都存在着党同伐异的现象，从而试图阐明影片的主题思想。影片最后，镜头的切割，场景的转换，由慢而快，由徐而急，造成一股情感的激流，给观众以心灵上的撞击。

为了加强场景的宏伟气氛和真实感，《党同伐异》不仅在布景的制作上别具一格，而且通过摄影师在固定的气球上从空中俯拍，居高临下，形成独特的视角。特写镜头的运用，突出和强调了细节，创造出特定的气氛和效果。如以一双女人捏紧的手，反映她此刻的紧张心情。这一切，对早期电影艺术的发展，无疑是具有重要意义的。

《党同伐异》在美国和欧洲受到冷遇，但在十月革命的苏联却受到重视。前苏联电影大师爱森斯坦、普多夫金等人，首先认识到格里菲斯在电影艺术发展中所作出的贡献，并对这部影片给予正确评价。

《战舰波将金号》

1925 年，前苏联政府为纪念 1905 年革命，决定拍摄一部反映这一革命的影片。前苏联电影大师爱森斯坦接受了这个任务。原剧本内容十分广泛，拟有 800 多个镜头，而关于波将金号战舰的哗变，只有约 40 个镜头。在拍摄过程中，爱森斯坦来到敖德萨，当他亲眼看到那一级级阶梯时，便改变了计划，决定用一次哗变来代表整个革命。几个星期之后，影片摄制完成，这就是后来闻名遐迩的《战舰波将金号》。

整个影片由 5 个部分结构而成：①"人和蛆"。②"后甲板上的戏"。③"死者呼吁报仇"。④"敖德萨阶梯"。⑤"与舰队相遇"。影片以生动的银幕形象，真实而简洁地概括了波将金号战舰哗变的全过程。水兵伙食

《战舰波将金号》经典场面

粗劣，肉都长了蛆。舰长要处死不满的水兵，激起众怒，起义爆发。水兵瓦库林楚克在战斗中牺牲，他的尸体被放在敖德萨码头，越来越多的群众向他表示哀悼，群情激愤。反动军队赶来镇压，敖德萨阶梯陈尸遍地。起义的水兵面对敌人的血腥屠杀，开炮还击，炮声犹如醒狮的怒吼。最后，战舰从沙皇舰队旁顺利通过，胜利驶向大海。爱森斯坦认为，虽然实际生活中的波将金号起义同 1905 年整个革命一样，最终并没有成功，但它预示着 1917 年的胜利，因此完全有理由给影片一个乐观的结尾。

《战舰波将金号》之所以如此震撼人心，还来自它的艺术魅力。这部影片是爱森斯坦蒙太奇理论的成功实践。全片由 1346 个镜头组成，片断性的剪辑产生了强烈的冲击效果。"敖德萨阶梯"是世界电影中最精彩的蒙太奇段落。一边是荷枪实弹向群众射击的反动军队，一边是手无寸铁惊恐逃散的群众，镜头的快速切接，往返重复，形成尖锐的冲突。士兵整齐的步伐，与群众恐慌愤怒的脸部表情，两相对立，造成强烈的情绪蒙太奇。婴儿车沿着阶梯越来越快地向下滑动，加快了原来的节奏，把情绪的发展引向一个新的紧张点。在这里，时间空间都得到延伸和扩展，使人们感觉到反动的镇压正在大规模地无休无止地进行着。作为蒙太奇学派经典性的作品，《战舰波将金号》无疑是世界电影艺术史册中极其光辉的一页。

《幻灭》

《幻灭》的创作拍摄，是导演让·雷诺阿（1894～1979）从对自己一段亲身经历的回忆中得到启发的。1915 年，他当时在一个法国航空飞行中队服役。一次，他驾驶一架科德隆飞机去执行任务，途中遭到一架德国福克战斗机的袭击。正当他处于万分危急之际，突然云层中钻出一架法国斯帕德飞机，只一梭子弹，就击落德机，救了雷诺阿和他的飞机。这架飞机的驾驶员，是一名叫潘沙尔的军士。他上身是紧身黑制服，下着茜红色的裤子，在雷诺阿眼里，俨然是个龙骑兵"士官"最完美的化身。

1934 年，雷诺阿在拍片中，又遇到了潘沙尔，此时他已是一位空军将军，他向雷诺阿进述了曾在战斗中 7 次被击落而死里逃生的经历。雷诺阿把这些细节都记录了下来，萌生出据此拍摄一部影片的念头。1937 年，他与剧作家夏尔·斯帕克合作，以潘沙尔为原型，并根据自己大战期间在奥弗拉格被德军俘虏时的体验，创作拍摄了这部影片。《幻灭》是让·雷诺阿的代表作之一，它和他的另一部影片《游戏规则》，在1978年法国有声电影50周年纪念活动中，被评为法国10部最佳影片中的2部。

20世纪30年代中，在欧洲，战争的阴影越来越沉重地笼罩在人们心头，大家互相询问对此应持什么态度。雷诺阿拍摄《幻灭》，是想通过他在一次大战中的德军战俘营所度过的几年战俘生活来回答这个问题。影片生动表现了德国军官对出身贵族的法国军官的真诚，描写了平民出身的法国中尉对德国农妇的好感。影片表达了一种美好的愿望，希望友爱精神得以保存和继续，呼吁德国人民起来制止新的侵略战争。尽管这只是一种幻想，但《幻灭》毕竟是一次诚恳而无望的反战呼吁，带有浓厚的反战色彩。

让·雷诺阿是法国著名画家奥·雷诺阿的儿子，在艺术上极富独创性。他的《幻灭》被誉为"世界上最美的影片"。他强调通过外表的真实达到内在的真实。《幻灭》具有一种近似纪录片的朴素风格，又极富造型表现力。《幻灭》曾获威尼斯电影节大奖，为让·雷诺阿赢得了世界声誉。

《公民凯恩》

美国著名电影导演奥逊·威尔斯于1941年导演并主演的影片《公民凯恩》。

奥逊·威尔斯自己是这样叙述这部影片的。"《公民凯恩》的故事讲的是一位名叫汤普森的记者，为了弄清凯恩临终遗言的含义所进行的一番调查……他认定，一个人的临终遗言应该说明这个人的一生——这点也许不假。可是他却始终未能发现凯恩临终遗言的含义。但观众却弄清了。他的这番求索使他接触了五位非常了解凯恩的人——五个或者喜欢他的人，或者爱他的人，或者恨透了他的蛮横无礼的人。他们讲了五个完全不同的故事，各持己见。所以关于凯恩的真相究竟是怎样的，就像关于任何人的真相一样，只能根据有关他的说法的全部总和予以推测。"这就使得影片具有独特的结构形式和新颖的叙述角度，采用闪回技巧，在现在时态的进程中，不断穿插五个见证人的回忆，从而打乱了时间顺序，把现实和历史结合起来，展现凯恩和他的一生。这一形式，给情节带来曲折变化，也使叙述更具客观性。

当然，更重要的是，它便于从不同侧面刻画凯恩复杂的性格特征。通过他一生的命运变化。我们看到了一个血肉丰满的人物。凯恩性格是个矛盾的复合体。"玫瑰花营"只不过是漆在他儿时玩过的雪橇上的商标。当他面对死神时，他终于摆脱了自尊心和功名欲的束缚，道出了自己梦寐以求的一切，表达了他对美好童年的记忆。一个人即使赢得整个世界，但也无法挽回失去了童年和像童年一样值得珍惜的人的纯真，

《公民凯恩》海报

凯恩在临终前认识并承认了这一点。结尾时，雪橇被扔进火堆，玫瑰花营的商标顿时化为乌有，令人回味无穷。

这部影片多多少少是以出版家威廉·赫斯特的身世为根据的，因此受到赫斯特的百般阻挠。但影片最终还是公映了，并立即获得巨大成功。

《偷自行车的人》

《偷自行车的人》被公认为意大利新现实主义电影的代表作之一。它是根据卢伊季·巴尔托里尼的同名小说改编的，由西柴烈·柴伐梯尼编剧，德·西卡导演，1949 年拍摄而成。

意大利新现实主义主张电影不应成为现实的粉饰，电影应描写生活的本来面目，表现战后意大利人民的失业和社会的贫困。《偷自行车的人》比较集中而典型地体现了这一美学思想。影片以一种朴实、自然的纪录笔法，描述了一亡人里西所遭遇的不幸。他好不容易找到一个张贴广告的工作，

这项工作需要一辆自行车。他从当铺赎回抵押出去的自行车，满心喜悦地走上街头。可是就在他贴广告时，车子被小偷窃走。他和儿子一起，到处追寻，想找回车子，却毫无结果。不得已，他只好去偷别人的车子，也成了偷自行车的人，结果当众被抓。一则极为普通的社会新闻，在影片中却成了一场令人心酸的悲剧，成为对意大利社会现实的揭露和控拆。影片结尾，里西强忍眼泪，同儿子手拉手，穿过黄昏的暮色，消失在茫茫人群之中。他们没有了自行车，失去了工作，但是有着理解和爱，从而在人们心中亮起希望之光。

新现实主义电影虽然常常不提供解决社会问题的出路，然而这个结尾显然向人们作出了某种暗示。

在艺术上，影片同样遵循了意大利新现实主义创作原则。一是使用非职业演员，扮演主人千米西的，本人就是一名工人。里西的儿子，则是由一名罗马报童扮演的。在导演的指导下，他们的表演真切自然，具有一种本色美，演员和角色融为一体。二是采用外景拍摄，运用自然照明，无论是场面气氛，还是画面景调，都力求接近于实际生活。三是既没有使用爱森斯坦式的蒙太奇剪辑技巧，也没有运用奥逊·威尔斯式的纵深构图，而是交替使用

《偷自行车的人》海报

固定镜头和慢摇慢移，以长镜头表现情节，摄影机仿佛是在忠实记录生活情景，表现出一种看不出技巧的技巧。这一切，都使得影片的风格如同其内容一样，更加贴近甚至酷似现实生活。而这一点，正是意大利新现实主义最突出的美学追求。

《罗生门》

　　《罗生门》讲述的是一个武士带着妻子赶路。途中遇见强盗。强盗把他们骗进灌木林，把武士绑在树上，并强奸了他的妻子。后来武士死在丛林中。事件是怎样发生的？谁是凶手？在纠察使署里，被捕的强盗、作证的妻子、借巫女之口陈述经过的武士，以及现场目击者樵夫，各自讲述了事件的真相。由于四人站在各自的立场，把事件的经过说得于自己有利，结果口供完全不一致。强盗说是他在妻子的请求下杀死了武士；妻子却说是她忍受不了武士的蔑视而刺死了他；武士借巫女之口说他是自杀的；樵夫说武士是在受到妻子的有意激怒下同强盗决斗被杀的。

　　这部影片是日本电影导演黑泽明在 1950 年拍摄的，直到影片最后，人们也无法弄清事件的真正经过。这部影片问世后的第二年，在威尼斯国际电影节上荣获最高奖。日本电影界认为，这一殊荣，使日本电影进入了一个新的世纪，日本电影艺术的造诣第一次闻名于世界。但是，人们对这部影片的看法，却不尽相同。有人认为它表现出对人类的不信任和绝望，而有人则认为黑泽明与怀疑主义毫无关系，《罗生门》是一部主张相信人和承认存在客观真理的作品。黑泽明出于主张人类之爱的精神这一伦理性动机，在影片结尾精心安排了樵夫收养弃婴的动人情节。

　　影片《罗生门》是根据芥川龙之介的短篇小说《筱竹丛中》改编拍摄的，整个影片自始至终透发出浓郁的日本世态风情和独有的生活气息，别具一格，饶有兴味。独特的人物形象，明丽流动的画面，表现出黑泽明卓越的艺术才能。而最为人们赞不绝口的，是影片的叙事结构。事件的经过，不是客观叙述出来的，而是通过三个当事人和一个目击者讲述出来约，把事件的真相弄得更加扑朔迷离，真假难辨，带上了一层神秘色彩。这种结构形式和叙述方式，表现了生活的错综复杂和人性的丰富多彩，并在艺术上给人以新颖独特之感。强盗施暴的场面，反复渲染了太阳的灼热和明媚。阳光透过树枝的缝隙，显得格外绚丽灿烂，令人目眩。这对稍后兴起的日本太阳族电影影响很大。模仿《罗生门》，着力描写盛夏烈日下从犯罪中获得愉悦的极致的场面，成为太阳族电影的一个重要特色。

最受欢迎的影片

　　《乱世佳人》是一部根据小说家玛格丽特·米切尔的英文同名小说《飘》改编的美国电影。1939年维克多·弗莱明导演的《乱世佳人》，在整整10年，在所有影片中，卖座率一直最高。男女主角分别由克拉克·盖博和费雯丽扮演。

　　该片讲述的是一个漂亮、任性、果断的美国南方女子斯佳丽（费雯·丽饰），爱上了另一庄园主的儿子艾希利（莱斯利·霍华德饰），但艾希利却选择了温柔善良的梅兰妮（奥利维娅·德·哈维兰饰）。斯佳丽赌气嫁给梅兰妮的弟弟查尔斯。南北战争爆发后，查尔斯上前线战死。斯佳丽和风度翩翩的商人瑞德（克拉克·盖博饰）相识，瑞德开始追求斯佳丽，但遭到她的拒绝。

1998 年重映纪念海报

　　南方军战败，亚特兰大一片混乱。不巧梅兰妮孕期将至，斯佳丽只好留下来照顾她。战后斯佳丽在绝望中去找瑞德借钱，偶遇本来要迎娶她妹妹的暴发户弗兰克。为了保住家园，她勾引弗兰克跟她结婚。弗兰克因反政府活动遭北方军击毙，斯佳丽再次成为寡妇。

　　出于各种复杂的原因，她与瑞德结婚。女儿出生后，瑞德把全部感情投注到女儿身上，跟斯佳丽的感情因她忘不了艾希利而导致破裂。女儿的意外坠马身亡，更使他伤透了心。操劳过度的梅兰妮临终前把她的丈夫艾希利和儿子托付给斯佳丽，但要求她保守这个秘密。斯佳丽不顾一切扑向艾希利的怀中，站在一旁的瑞德无法再忍受下去，心灰意冷地转身离去。面对伤心欲绝毫无反应的艾希利，斯佳丽终于明白，她爱的艾希利其实是不存在的，她真正需要的是瑞德。

在第 12 届奥斯卡金像奖（1939）中荣获 8 项大奖：最佳女主角奖，最佳女配角奖，最佳影片奖，最佳导演奖，最佳编剧奖，最佳艺术指导，最佳摄影奖，最佳剪辑奖 10 项，此记录在 20 年后才被打破，并在 1998 年美国电影协会评选的 20 世纪最伟大 100 部电影排名第四。而在商业上，本片是美国史上售出票数最多者，并有许多研究指出在通货膨胀后，这是美国史上票房最高的电影。

《乱世佳人》是好莱坞影史上最值得骄傲的一部旷世巨片，影片放映时间长达 4 小时，观者如潮。其魅力贯穿整个 20 世纪，因此有好莱坞"第一巨片"之称。影片当年耗资 400 多万美元，历时 3 年半完成，其间数换导演，银幕上出现了 60 多位主要演员和 9000 多名配角演员。被认为"具有让一个男人追求一生的魅力"的费雯丽的表演轰动了全美国和整个大洋彼岸。"斯佳丽风暴"经久不息。当时一位著名评论家曾这样写道："没有她，这部影片未必能如此大受欢迎。"

这部耗资巨大，场景豪华，战争场面宏大逼真的历史巨片，以它令人称道的艺术成就成为美国电影史上一部经典作品，令人百看不厌。

民俗篇

民俗就是民间风俗，它是一个国家或民族中广大民众所创造、享用和传承的生活文化。它起源于人类社会群体生活的需要，在特定的民族、时代和地域中不断形成、扩大和演变，为民众的日常生活服务。世界上国家和民族的数目巨大，这也就造成就了千差万别的民俗文化。

夏威夷风情

夏威夷是美国的第 50 个州，但它具有独特的历史和传统。夏威夷群岛位于浩瀚的太平洋中部，由 100 多个大小岛屿组成。这些岛屿由东南伸展到西北，恰似一艘战舰停泊在万顷碧波之中。

美国没有经历过任何王朝，也不曾有过帝王将相。但是夏威夷在并入美国前有过好几个国王，并且还有国王的宫殿——依拉奥尼王宫。夏威夷是一个独立的国家。1790 ~ 1810 年，夏威夷岛上的世袭首领卡曼赫梅哈统一了各岛，建立了夏威夷王国。1894 年，王朝被推翻，夏威夷成立了共和国。1898 年 8 月被美国吞并后，成了美国的一个部分。1959 年 8 月，这些群岛正式成了美国的一个州。

夏威夷并入美国后，当地的文化、传统习惯基本上保持了下来。今天，夏威夷的土著波利尼西亚人还讲自己的语言，用自己的文字，按自己的风俗习惯生活——地名、街道名和商店的名字都用夏威夷语命名。

波利尼西亚人性情豪放，衣着随便，在他们的影响下，其他美国人也不讲究衣着穿戴，男女老少时常穿着背心短裤上街、乘车、看戏等，甚至学生们在校园里也是如此。

波利尼西亚人

波利尼西亚人几百年前就时兴的花环，如今已成了所有夏威夷人表示友谊的象征。他们用它来迎送客人。花环一般用香气袭人的兰花或当地的名花串成，有的也用树叶、纸、布花取代。花环还用于许多公众场合。邀请某人作讲演或出席宴会，某人遇上喜事等，都要献花环。如果客人是男性，献花环的一般是年轻的姑娘；如果客人是女性，则由小伙子把花环套在客人的脖子上。

草裙舞是波利尼西亚人的传统文化之一。舞者穿上用树叶、青草编成的草裙，颈上戴着美丽的花环，手腕上、脚上系着小花，在有节奏的鼓声和悦耳的乐曲声中翩翩起舞，用优美的动作抒发思想感情。夏威夷一些超级市场、购物中心、饭馆等处为了招徕顾客，专门请人跳草裙舞。

跳草裙舞的姑娘大多是从小训练的，她们时常邀请观众合舞，不少游客往往穿上草裙，狂欢一场。实际上现在跳草裙舞的远不止波利尼西亚人了，当地的学校专门开设了各种训练班，教人跳草裙舞。

夏威夷妇女的衣着也与美国大陆不同。现在最时髦的是一种叫"姆姆"的连衣裙。"姆姆"长短不一，长的遮脚，短的盖膝，最早是西方教士在室内穿的宽大的连衣裙或睡衣。后来，服装设计师把"姆姆"与中国的旗袍相结合，制成了新的"姆姆"。夏威夷的妇女在各种场合都爱穿它。

由于地理位置和历史原因，夏威夷今天成了东西方各色人种的"熔炉"。

墨西哥的面包节

面包节也叫圣·安东尼奥节，是墨西哥一个比较盛大的民间节日。它是墨西哥米却肯州和格雷罗州的农牧民为表彰替当地人民做过好事，受到人们尊敬的人而规定的日子。受表彰的人物称为"节神"，由各村庄和牧场的代表共同协商选举产生。

面包节每年举行一次，日期并不固定，一般就是受表彰者诞生的日子。1982年3月5日举行的面包节是为女教师盖娅举办的，她的诞生日是3月5日。女教师盖娅在农村和牧区创办了一所农村小学，并亲自在这所学校里为农牧民子弟上课，在农村教育事业上做出了很大成绩，受到当地农牧民的普遍爱戴和尊敬，因此被选为这届面包节的"节神"。

节日前夕，到处是一派繁忙的景象，妇女忙着准备各种美味的糕点和佳肴，诸如油炸面包圈、香气扑鼻的米却肯甜饼、传统的烤肉、用猪里脊肉和辣椒做的油炸卷，还有那有名的蕉叶玉米粽子等，这些都是面包节的必备"供品"。男人有的在杀猪宰羊，有的在布置节日的"供品台"，青年男女在加紧练习歌舞和排练伴奏的乐曲。

节日期间，所有的村庄、牧场都充满喜气洋洋的气氛，由男女老少组成的歌唱队的歌声和吉他的欢快伴奏声在很远就能听到。当你走近时，映入你眼帘的便是披红戴绿的人们纵情歌舞的场面。那些吉它弹奏者踩着乐点跳跃的舞姿更是优美动人。在舞场的中央，摆放着一排长桌，桌面都用由妇女的巧手编织的漂亮桌布遮盖着，上面摆放着节日的"供品"——各种美味小吃，四周还用各色各样的天然鲜花装饰一新。

人们在尽情欢舞一些时间之后，便同他们崇敬的"节神"一同分享节日的果实，人们聚桌吃完供品之后，便进入最激动人心的时刻——节日的高潮。一对对抬着盛满面包的篮子的妇女和儿童一齐从人群中走出，来到舞场中央。儿童把篮子中的面包圈一个接一个地往"节神"脖子上套挂，直到（他）她的胸部被面包圈遮满方休。这种面包圈是特制的，它象征着纯洁的农牧民对他们的崇拜者的忠诚和爱戴。由于这个原因，人们才把这个节日叫做"面包节"。

这个仪式举行过后，节日宣告结束。这时，"节神"把脖子上和胸前的面包圈一个个地取下放到一个大礼品盒中，再往盒内放入一些用巧克方做的糖球，然后由妇女代表把这个礼品盒送往"节神"指定的地点（指"节神"的最心爱的人和亲友的所在地）。送礼品盒的妇女也享有一种特权：可以将礼品盒中的一部分面包圈分送给那些崇敬和爱幕她们的男人，或是带回家送给她称心如意的丈夫。

这个节日具有表彰英模人物的社会进步意义，现在正突破地区的界限，向着更大的地区发展。

西班牙多彩的节日

西班牙各地有许多反映当地居民古老习俗的传统节日。在这些节日中，潘普洛纳城的圣费尔明节和巴伦西亚的篝火节可能最具特色了。

潘普洛纳城每年从 7 月 7 日开始举行为期 10 天的圣费尔明节。节期中最精彩的一个节目是"跑牛"。举行这个节目时，从牛栏里放出一头头健壮的公牛，它们跟在一群小伙子后面狂奔乱跑，横冲直撞，穿过大街小巷、直奔斗牛场。一路上人追牛赶，互不相让。有些年轻人甚至伸手去拉牛犄角，故意挑逗公牛发怒。他们边跑边闹，其中难免有人会被牛角撞倒，甚至流血负伤，但青年人的勇气丝毫不减。全城的居民和旅游者则为之倾倒。人们或聚集在街头巷尾，或居高临下从窗户里探出身子为青年人喝彩加油。欢呼声震耳欲聋，人牛之间争勇斗悍的场面构成一幅雄壮而美妙的图画。西班牙的斗牛在世界早已闻名遐迩，但是如此壮观的斗牛场面则只有圣费尔明节中才能观赏到，这就是圣费尔明节能够吸引大批外国游客的魅力所在。

西班牙第三大城市巴伦西亚的篝火节每年 3 月 12 日开始。在一周的节期间，巴伦西亚的大小广场、街头巷尾都布置着用木头、纸帛扎制成的人兽车马、花鸟虫鱼、亭台楼阁，千姿百态，形象逼真。高者数丈，气势宏伟；小者只有手指般大小，精巧玲珑。其中还有一些滑稽幽默的人像，月以讽喻和抨击社会弊端，制作得惟妙惟肖，辛辣而逗人。篝火节还举行评奖。节日期间，彩扎场所禁止交通，人们在那里欢歌曼舞，如醉知痴。直到 3 月 19 日深夜 12 点，人们把扎制的全部模型同时点燃，火光四起，越烧越旺。顷刻间，全城通明，如同白昼，人们用火送走寒冬和迎接新春。

每年 2 月，西班牙各地都要举行狂欢节，人们一反工作和生活的常态，把一切烦恼和忧愁都置之脑后，尽情地欢乐和喧闹。马德里狂

圣费尔明节场景

欢节的化装游行，以一个戴灰头盔的人点燃第一枚礼花开始，队伍像一条五彩缤纷的长龙在欢腾的人海中穿行游弋。数千名参加者化装成各国的现代和历史著名人物，化装成童话中的仙女、王子以及海盗、小丑，随着乐声翩翩起舞，或做出各种逗人发笑的动作。各色彩车和标语牌以及琳琅满目的装饰令人目不暇接。一到晚上，则有更多的人戴上各种假面具上街跳舞。分不清男女老幼，辨不出身份的高低贵贱，一时整个马德里好像沉入梦幻之中。

马德里狂欢节的最后一个节目是"沙丁鱼葬礼"。这一天，身着丧服的妇女和头戴大礼帽、身穿披风的男人要举行隆重的送葬仪式。走在送葬队伍最前面的是用彩色金属片制成的各式沙丁鱼模型和标语牌。一路上，送葬的人们又哭又笑，叫喊着徐徐前进。有人还从卡车上给路旁群众分发糖果和饮料。到达墓地后，人们在一片嚎啕的哭声中将盛有死沙丁鱼的小棺材埋入地下。接着，人们围着墓地又唱又跳，他们就这样埋葬了象征着不吉利的沙丁鱼。

西班牙内地村镇的狂欢节更是别具一格。位于中西部的卡塞雷斯省的一个村子，在狂欢节期间要举行逮捕、审判和治理马诺洛木偶人的仪式。据说，马诺洛木偶人象征着当年从美洲发迹归来的富人。他们用这种形式来鞭挞那些花天酒地、烧杀奸淫、作恶多端的殖民者。

在西北部奥伦塞省拉萨村的狂欢节上，中心人物都穿着饰有花边、花穗的羊毛裤和短大衣，腰间还系着六个铃铛。他们挥舞着手中的羊皮鞭，

跑遍村子的各个角落，抽打一切可及的人和物。据说，羊皮鞭能驱邪洁身，因此，人们都愿意被打着。到第三天晚上8点左右，一个身穿羊皮袄骑着毛驴的人向全体村民宣布一年来村内发生的大事，这被称为"驴嘱"（据说，当地居民把毛驴看作见多识广的能者）。一年一度除旧迎新的传统仪式就此在欢呼声中圆满结束。

葡萄牙的斗牛

桑塔林位于里斯本以北80千米，是一座人口不到5万的小城，却以第一流的斗牛场和第一流的斗牛士闻名全国。每逢斗牛季节，都有许多外国游客特意到这里观看斗牛表演。

葡萄牙的斗牛士分为三种：一种是骑斗士，属于职业斗牛士，其收入往往不亚于足球运动员；一种是引逗士，在公牛上场时，引逗士拿着红布引逗，尽量消耗公牛体力，为骑斗士当"马前卒"，收入低微；一种是步斗士，即最后赤手空拳把牛制服的人，属于不收报酬的业余爱好者。

西班牙和葡萄牙虽然都以斗牛闻名于世，但斗牛"程式"不尽相同：西班牙斗牛主要是骑斗士表演，骑斗士要一直把牛斗到奄奄待毙，跌倒在地为止；葡萄牙斗牛则增加了步斗士的表演，骑斗士把公牛的体力消耗一阵之后，步斗士跃入场内，徒手使牛"臣服"。相比之下，葡萄牙斗牛更富惊险性，也更能显示人的机智和勇敢。

下午4点，斗牛开始。三位穿古代骑士服装，身跨骏马的骑斗士在一片喝采声和乐曲声中并辔跃入铺满细沙的斗牛场。三匹骏马先后以慢步、小跳步、正步走向指挥台。三匹马在指挥台前同时"立正"，骑斗士摘下带羽毛的帽子向指挥致敬。接着，三匹马以侧身小跳步绕场一周，骑士面向观众，接受观众的欢呼和喝彩，然后退场。

这一仪式结束后，一名骑斗士再次跃入场内，驰向指挥台，向指挥致意。接着，他在场内恣意驰骋，使马熟悉场地。一旦他认为准备就绪，便摘掉帽子，举到空中。指挥随即示意号手吹号，表演开始了。

低沉的号声刚落，斗牛场边的棚门打开，一头黑色公牛犹如脱弦之箭，冲进场内。它膘肥体壮，足有七八百斤，仿佛一辆开足马力的重型坦克。

由于骤然从黑暗的"牢房"中来到阳光刺目的露天场地，它似乎不太习惯，冲到场地中央忽然停下来，愣头愣脑地东张西望。这时，观众情绪顿时高涨起来。

一名引逗士拿着一块红布迎上前去。公牛对这一挑衅怒不可遏，拼命向红布冲去。只见引逗士不慌不忙地将红布朝旁一摆，公牛扑了个空。接连几次扑空后，它牛性大发，开始乱扑乱撞起来。经过一阵以逸待劳的引逗，引逗士退到棚板后边，让骑斗士出场。按照传统习惯，迎战的骑斗士将右手伸到背后，接过另一骑斗士递来的"箭"，"箭头"是一柄带倒钩的短剑，拴有鲜艳的飘带，"箭杆"则是一根一米长的木柄，二者可以分离。

公牛面对骑马的武士，踌躇了一会儿，似乎在判断这个对手是何怪物。接着，它就猛的冲上去。可惜它"有勇无谋"，就在它冲到眼前的一刹那，骏马迅速闪到一边，骑斗士利用这个绝好的机会，飞速将"箭头"深深刺入公牛的肩胛，然后把"箭杆"高高举起，以示胜利。这时，观众掌声、喝彩声和乐队的欢乐曲调骤然响起。

公牛负伤后疼痛难忍，使劲摆动脑袋，试图把这根肉中刺甩掉。由于"箭头"带有倒钩，任凭怎么甩也甩不掉，它恼羞成怒，又向骑斗士冲去。

骑斗士策马绕场奔跑，一边左躲右闪，一边寻找时机，把"箭头"连连刺入公牛肩胛。这种斗牛，与其说是人和牛斗，不如说是马和牛斗。与牛的倔犟、愚鲁比较起来，马显得机智、狡猾多了。当公牛不耐烦追赶，静待它来进攻时，它便在几米外以左右侧跳的假动作反复引逗。当这种挑衅行为弄得公牛忍无可忍，愤然冲来时，它就以闪电般的速度跳到牛的侧面，给骑士创造下手的绝好机会。当牛再次负伤受辱，狂蹦乱跳时，马却载着骑士绕场而行，接受观众的喝彩，骑斗士的精湛骑术和骏马的聪明伶俐结合得天衣无缝，给人一种力与美的享受。

经过反复较量，公牛屡战屡败，肩胛上已有几支"箭头"，血流不止，"箭头"上不同颜色的飘带显得特别醒目。

眼看公牛的体力消耗得差不多了，骑斗士遂在热烈的喝彩声中退出斗牛场，七名步斗士随之从棚板后面跃入场内。其中一名步斗士两手叉腰，昂首阔步地走向公牛，并不停地喊道："来呀！来呀！你这蠢货！"

经过前面几个回合的搏斗，公牛已疲惫不堪，当它发现又有人挑衅时，就再次聚起力量，以它七八百斤重的躯体朝对手猛扑过去。面对发了狂的公牛，这步斗士停下脚步，纹丝不动地站着。就在牛冲到跟前的一瞬间，只见他飞快迎上去，将胸腹贴在两只锋利的牛角之间，同时伸出双臂抱住牛的脖子。公牛昂起头来，把他猛地举到空中，左摆右甩，试图把他甩掉。他

葡萄牙的斗牛

虽然牢牢抱住牛脖子，仍然有好几次险些被掷出去。这时，后面的六名步斗士扑了上去，七手八脚将牛抱住。在七个人的压迫下，牛动弹不得，只好停止了抵抗。一人趁势掀住尾巴，其他六人迅速离开。揪牛尾的人拽着牛原地转几圈，牛不再作任何反抗，这场博斗就算结束了。

智利的围牛

在智利丰富多彩的传统文化活动中保留着一个精彩的节目——围牛。围牛就是骑马把牛围起来，这在牧区是常见的。牧区地广人稀，牲口分散，牧主为了把牲口赶回畜栏或把它们圈起来清点数目，都需要掌握围拢牲口的技术。作为娱乐活动的围牛的起源就是这样的生产实践。

围牛是在一个圆形的木围栏里进行的，在西班牙语中，这种木围栏称为"半月"。"半月"开两个门，一个进牛，一个出牛。进牛的小门通往"半月"内侧的一个小围栏。在"半月"的两内侧各有一块10米长的挡板，专供围牛用。挡板上包有棉花等软物，防止围牛时将牲口弄伤。

参加围牛的骑手两人为一组，因为一对骑手才能把牛围住。参加比赛的骑手的数目没有明文规定，可以根据比赛的情况协商确定。竞赛可以分组进行，也可以不分组。每次比赛一律进行三轮。每轮比赛中，每对骑手有围两头牛的机会，每头牛只准围三次。以裁判台为标准，先在左挡板上

围，然后右挡板，最后再左挡板。围牛的时间没有限制，但只要在挡板前做了围牛的动作就算一围。

围牛的记分法比较简单。根据马匹的前肢挤住牛的部位计算分数。挤住牛的后脑部没有分数；挤住牛的肩胛部，得 2 分；挤住牛的中部（腰和肚子），得 3 分；挤住牛的后股，得最高分 4 分；挤住牛的后腿，扣 1 分；如果没有在挡板上将牛挤住，反而让它跑掉，要扣 2 分。最后根据围两头牛共 6 次的积分决定胜负。

裁判台设在"半月"的正上方可综观全局，裁判只有一人。在比赛中，每围一次裁判就及时宣布得分情况。裁判是有权威的，即使判错也不能提出抗议。

要取得比赛的好成绩，在赛前骑手们必须做好两件事：一是选马，二是装束。马匹的好坏往往是骑手成败的关键，一匹能围牛的好马必须有三个条件：第一，要跑得快，能紧逼牛犊不放。第二，要会横跑。在比赛中，两匹马要一前一后，后面的马赶牛，前面的马横向顶住牛犊，"牵着牛鼻子"向挡板方向跑。第三，马匹要善于领会主人的战略意图，或进或退，指到那儿就围到那，争取最高分。骑手们的穿着打扮，虽然不直接影响骑手的比赛成绩，但反映了骑手的精神面貌。一般骑手都是头戴白色的小草帽，帽边沾浆烫平。身披鲜艳的"宠乔"（拉美民间的一种毛织斗篷，长方形，无袖）。比赛用的"宠乔"的颜色都由竞赛委员会统一规定。脚穿黑色马靴，配上金光闪闪的马刺。在比赛时，只看见马匹飞驰，"宠乔"起舞，有声有势，威风凛凛。这样的装束大大地增加了围牛的民族色彩和竞赛的气氛。

要把牛准确地围在挡板上是极为不容易的。俗语说，"初生牛犊不怕虎"，加上牛已被转得晕头转向，顿时"牛性"大发，在"半月"里狂奔乱窜。骑手们策马咬住牛犊，逼它顺着"半月"的墙壁奔跑。当牛犊跑到挡板距离之内时，前面的骑手赶上前去，用马的前肢把牛紧紧地顶在挡板上，使它不得动弹。后面的骑手要紧守牛的后方，防止牛犊受到前面骑手的阻击而突然回头逃脱。好的骑手能够同马匹组成一个完整的作战整体。而拙劣的骑手，在"半月"中往往大出洋相。马匹总是不听主人的指挥，让它往前，它要往后。有时主人性急，逼马太甚，马匹反而"揭竿而起"——咆哮站立起来把主人掀翻在地。

另外，在围牛时总有一个民族乐队在旁边奏乐助兴。当比赛紧张时，乐队往往奏起激越的进行曲，像阵阵军号催动着骑手们勇往直前，而赛间休息时，乐队又奏起悠扬的轻音乐，把人们的想象带到那一望无垠、鲜花盛开的草原。

智利人都喜欢围牛，每逢大的节日都要举行这种活动。外国的来访者到智利也都要争取看看围牛，甚至有人说："不看围牛就不算真正了解智利"。

朝鲜传统节日

朝鲜民族具有悠久的历史和文化，同时也有美好的节日习俗。

"元日"指阴历正月初一，是辞旧迎新的盛大节日。节日前夕，人们洒扫庭院，清扫房屋，制做岁馔（年饭）和岁装（元日穿的新装），为欢度元日佳节作好各种准备。

元日清晨，男女老少穿上新装，先举行"茶礼"（即"祭礼"），祭祀祖先，接着晚辈给长辈拜年，长辈以岁馔相谢。朋友见面互相祝福。

傍晚有"烧发"的习俗，男女都把上一年梳头时掉落的头发存放在梳妆盒内，元日傍晚，将这些头发烧于门外，以此避邪驱瘟。

"上元"指阴历正月十五。上元节一般从正月十四开始过，因此，十四日又称"小上元"，十五日又称"大上元"。

十四日有制作"禾积"的习俗。所谓"禾积"，就是在长竿上用庄稼秸杆绑成棒状，外面插上黍、谷、稻穗，顶端挂上棉花，竖立在屋旁，以祈求丰收。

十五日有迎月的习俗。傍晚，人们纷纷登上高处，迎接新的一年的第一个满月的升起，以先见者为吉。月亮升起后，人们要观察月色，根据这天的月亮的颜色判断当年年景的好坏，月亮呈红色预示着干旱，呈白色预示着水涝，并流传有"赤疑焦草木，白怕涨川渊，满月中黄色，方知大有年"的诗句。

"药饭"是上元节的上好饭食，除自家食用外，还用来待客和供祖。"药饭"是先将糯米稍蒸，然后拌入蜜、栗、枣、油、酱等，再蒸后即可食用的一种饭食，因当时视蜜为药，所以把这种拌有蜂蜜的饭称为"药饭"。

"端午节"在阴历五月初五。节日早晨,人们习惯用菖蒲熬成的汤水洗脸,妇女们还喜欢把用菖蒲根儿做成的簪子插在发髻上。相传这样做能避瘟疫。

这天有吃"车轮饼"的习俗。人们把鲜嫩的艾蒿叶煮熟捣碎,掺和在粳米粉中,使面粉呈现草绿颜色后,再做成车轮形状的饼子,因而叫"车轮饼"。由于这天以"车轮饼"为食,所以,又有"车轮日"之称。这一天人们还兴高采烈地开展各种娱乐活动,其中最受欢迎的是摔跤和打秋千。

"秋夕节"又称"嘉俳日",在阴历八月十五。据记载,秋夕节始自朝鲜新罗(公元2世纪前后),由于正值庄稼成熟,收割即将开始,所以是一年中最受重视的节日。

祭祀活动是秋夕节的传统习俗。这天,人们带上用新米制作的各种食品来到祖先的坟地,将其供奉在祖先墓前,意在让先天之灵最先享用新收获的劳动果实。

妇女们集体织布比赛是秋夕节特有的民间活动。从阴历七月十六日起,妇女们结帮成伙,开始织布,到秋夕这天根据织布多少和质量好坏来决定胜负,败者要设宴款待胜者,表示祝贺。

除上面介绍的节日外,朝鲜还有很多民间节日,如"流头节"、"百种节"、"冬至节"、"寒食节"等。

日本的相扑

相扑是一项角力运动,在日本自古有之。过去它曾作为祈愿丰年的仪式长期流行于民间,后来又作为一种华丽的娱乐形式被搬入宫中。它在战乱时期还曾作过人们防身御敌的实用武技。但作为一种职业性的运动风行于整个日本,还是近世以来的事。

千余年来的发展,使相扑演变成了具有浓厚的民族色彩的一种日本武技。对这一运动,日本人是十分崇尚、十分喜爱的,他们称相扑为"国技"。现代人所说的相扑一般是指以此为生的力士们所进行的职业性运动。当然,这决不是说日本今天就没有业余相扑运动者。每年所举行的"全日本相扑锦标赛"、"全国学生相扑锦标赛"、"全国高中学生相扑锦标赛"便

证明着这项运动拥有为数不
少的业余爱好者。

　　凡是见过相扑比赛的人
都不会忘记位于体育馆中间
的那个由粘土垒成的土台。
这是正式进行相扑比赛的地
方，叫作"土俵场"。整个
台子为正方形，中部为圆形，
圆圈直径为 4.55 米。整个土
台的高度在 34~40 厘米。土
台的表面薄薄地铺撒着一层
细沙。比赛中，"力士"脚
掌除外的任何部位都不得触
及土台表面，触者为输。同

相　扑

时，力士们也不得越出这个土俵场，只要脚尖接触圆圈外缘就被判为败北。

　　土俵场的上方，悬挂着个屋顶式的东西。在日本江户时期，这个屋顶
是由四根裹着彩布的木柱支撑的。每根柱子外面的布色各不相同，分别为
青、绿、赤、白。代表着春夏秋冬四季。1951 年后，四根柱子为四条布束
所代替。自然，那屋顶也就被吊挂在空中。

　　土俵场的北部为正面，其左侧为东，右侧为西，对面被称为"后正
面"。每次比赛以前，所有有资格参加比赛的力士都被分在"东方"与"西
方"两组之中。比赛在被称为"行司"的裁判的喊声中开始，随着"行司"
的喊声，双方的力士分别从挂着红布处与挂白布处登场。登场后，两力士
便开始进行相扑所特有的准备活动。与此同时，前场的胜者或者即将登场
的力士为他们递来"力水"，让他们漱口，以增力壮气。两力士漱口后，还
要用"力纸"擦拭全身。一切准备就绪，他们便各自捧一把白盐，撒在土
俵场上，然后作出蹲姿，全神贯注地虎视对方，以此行交手礼。礼毕，两
力士便走至土俵场的中央，分立在中央分界线两侧，双手下垂，身体前俯，
对面相视，调整呼吸。如果呼吸一次调整不好，可反复数次。不过时间是
有限制的，力士的级别越高，调整呼吸时间越长，但最长不得超过四分钟。

相扑的裁判共由六人组成，主裁判由手持折扇的"行司"登台担任。其余五人分别在正面、东面、西面及裁判席上。当力士对持扇行司的裁判不服时，则由其它五名裁判协议判定。胜负判定之后，两力士各自返回登场时所立的东、西口处，行礼。败者礼毕后即退场，胜者则要留下来给下面比赛者递"力水"。

职业相扑组织在整个日本仅有一家，便是日木相扑协会。这个协会每年组织六次大型比赛。这种比赛日本人称作"本场所"（即"正式比赛"）。细分起来，又有"初赛"（1月）、"春赛"（3月）、"夏赛"（5月）、"秋赛"（9月）、"名古屋赛"（7月）、"九州赛"（11月）之别。每次比赛要进行15天。比赛前，相扑协会要以一张叫作"番付"的大表重新公布力士们的等级，并根据等级的改变提高他们的收入。

大力士的最高等级是"横纲"。下面是大关、关胁、小结、前颈。这四个等级被称为"幕内"，属于力士中的上层，再次是"十两"与"幕下"。除此之外还有更低级的力士"三段目"、"序二段"，最低一级的叫作"序口"。一名普通的力士要想获得较高的等级是需要花费很大气力的。不经过艰苦的努力，要想获得最低的等级，也是不可能的。

要成为一名真正的力士，首先第一步就要成为相扑协会主要成员"年寄"的弟子。协会对招收新弟子有着严格的规定。规定不足18岁的入门者身高必须达到1.7米，体重要在70千克以上。超过18岁者身高则应在1.73米以上，体重不得低于75千克。此外，还要调查入门人员的家庭情况、健康状态等。

包括这些入门弟子在内，所有的力士都生活在被称作"相扑之家"的相扑协会主要成员的家中。在那里，一切生活事务均由男子承担，很少有女子的协助。在相扑之家，力士们学习相扑的各种招数，切磋技艺，严格训练。每个"相扑之家"的人数不等，多者可达100~150人，少者仅有3人。但是，不论人多人少，都有自己一套严格的纪律，要求力士严格遵守，不得违反。人们公认，不入"相扑之家"，决成不了优等的力士。而且200年来，相扑中的强豪皆出自于此的历史也证实了这一点。

相扑的基本招数共有48个。一般来讲，在进攻时，力士主要靠颈、臂、腰、足。随着历史的发展，力士们经过数代人的努力，对以往的48招进行了提炼与改造。现在，相扑协会将其整理，归纳为 70 招、5 大类。一类是运用颈与肩的力量攻击，再一类是以臂与手进攻。还有用胸及腹进攻和以腰、膝打击对方的招数。最后的一类则是使用腿、足攻击。当然，这些也仅仅是最基本的招数，力士们在比赛中还会使出许多令人惊诧、出人意料的绝招。但是万变不离其宗，不论什么样的奇技怪招都不会超越这五六类。

相扑是日本人所酷爱的一项体育运动，了解了这项运动，它对我们理解今天日本人的生活是会有帮助的。

日本的剖腹

剖腹，日本人称"切腹"，有时也称"割腹"、"腹切"、"屠腹"。这种习俗始于 12 世纪日本平安时代，在 1119 年成书的《读古事谈》中就有这样的记述："有藤原保辅者，拔刀、剖腹而死。"源平争战（1180～1185）之后，开始普遍流行于武士中间。到了中世纪末江户时代（17 世纪），则进一步形成了一整套的剖腹仪式和方法，并成了上层武士死刑的固定形式。

完整的剖腹方法，是用短剑先刺入左腹，横向右腹切成"一"字形，再从胸口刺入下切，成"十"字形，最后拔出剑刺入喉部。剖腹这种世界上少见的自杀方法很痛苦，且不容易致死。武士们之所以选择身体的这个部位进行自杀，是因为要以此方式对主子刹开红心见忠诚。新渡户稻早在他的《武士道》一书中就是这样写的："打开灵魂之窗请君看，是红还是黑，请君自公断。"在战场上或在别人面前自杀，这里又是最显眼的部位，这种举动可以显示自己勇敢不怕死。不要说古代，就是当代日本人，在西方文化大量涌入这一矛盾冲突的漩涡中，也出现了三岛由纪夫这样"七生报国"的剖腹自杀者。

剖腹自杀，曾经是武士们挽回名誉和解决各种复杂问题的必要手段，除了在战败时，为了免招被俘的耻辱而剖腹的情况外，还有"追腹"（主子死了，殉死尽忠而剖腹）和"诘腹"（受到舆论的谴责而剖腹）。武士们不但用它来表示对主子的忠诚，而且还用它来表示自己对某项重大错误，不当行为的负责精神。

武士道的神圣信条，就是对君主必须尽忠守节，忠、智、仁、勇是他们的精神支柱。武士中间，提倡"重然诺，尚忠勇"。忠勇的具体表现就是复仇，复仇被武士们认为是高风亮节的"美行"。1702年7月，赤穗藩七十四浪士（失去主人的武士）为旧主复仇后全部被幕府判处剖腹之刑，浪士们对此感到不胜荣幸。另有一记述称，有一家兄弟三人，哥二十四岁，长弟十七岁，小弟八岁，为了替父报仇，兄弟三人欲杀幕府第一代将军德川家康。他们在潜入德川家康住处时不幸被擒，后被列处剖腹之刑，三人一个接一个从容自杀，毫无惧色。不以为惧，反以为"美"，这正是日本封建武士的道德观。

剖腹做为死刑的一种形式，是从16世纪末开始的，到了江户时代，剖腹已经在刑法和礼法上成了一种制度。当时，它被人们视为一种严肃而又庄重的行为。平民百姓一般不许处以剖腹的刑罚，只有被称做"侍"的上层武士，才可受此剖腹之刑。可以说，它已经成了武士阶级的一种专美行为。当武士被赐"剖腹"时，也还根据其财产的多少和势力的大小，在仪式和规格上给以区别。例如，江户幕府法中就规定，具有五百石财产以上的武士，在大名（1万石财产以上，直辖于幕府有权势的上层武士）宅院里执行"剖腹"，此级别以下的武士只能在牢狱或别的地方执行。

作为刑法的剖腹，实为斩首刑。之所以采取剖腹的形式，也是武士重名誉的一种表现。这种名义上的剖腹刑一般是在傍晚到夜间这段时间进行。首先，在庭院的土地上铺上沙子。再在上面铺上两块崭新的榻榻咪（日本式房间里铺的草垫子），然后用白布、红毡等盖起来。行刑时，官吏和众武士要按规定跪坐在四周固定的位置上，受刑者着一身浅黄无纹章标志的武士素礼服（一般武士服装上都有纹理和自己所属藩主家的纹章），当受刑者跪坐在台上时，正副两个辅刑人（日本人称"介错人"，他是为剖腹自杀者断头的人，往往由剖腹者的剑术比较高超的亲属或友人承当）走上前来，正辅刑人报过姓名后深鞠一躬，拔出剑站立在受刑者的身后。这时，一官吏上前，把用上等白纸裹着的七寸五长的木制短剑（有时是折扇，这时叫"扇腹"；有时也用真剑）放在一个方形小桌案上，摆在受刑者的面前。此时，副辅刑人上前重新摆正方案的位置，然后帮助受刑者整装。受刑者脱去肩衣，当他向方案伸手取剑的刹那间，正辅刑人即挥剑斩其首，以此宣告"剖腹"结束。

当然，也有受刑者在剖腹过程中辅刑人砍头行刑的情况。当辅刑人感到剖腹者剖到十分痛苦处时，就迅即将头砍下，结束行刑。这种"剖腹刑"一直延续到明治初期。1873 年 6 月（明治六年）国家颁布的《改定律例》才废除了这种刑法。然而，剖腹这种自古沿袭的自杀方法，却一直保存了下来。

埃及的东方舞

在埃及，热情好客的主人，常常邀请宾客赴大旅馆或夜总会，吃美味餐、欣赏东方舞，这被认为是高贵的礼遇。

东方舞，又称肚皮舞。它渊源于土耳其，初为宫廷舞。16 世纪时，随奥斯曼帝国的入侵，东方舞传到了埃及，并渐渐深入民间。当时，只是一些贫困的妇女在街头或咖啡馆跳东方舞谋生，随着现代娱乐场的建立，东方舞便传入了夜总会和酒吧间。

东方舞为女子舞蹈，多为独舞。舞蹈者体态丰腴但不臃肿。由于伊斯兰教教义规定，妇女只准手和脸外露，因此舞女服饰有严格规定，违反者要受罚。村镇舞女一般只穿阿拉伯大袍，胯骨上系一宽带。东方舞的特点是颤动腰、臀、胸部的肌肉，技巧高超的舞女可随意控制腰、腹部任何一块肌肉，令其颤抖，而周围肌肉全然不动。东方舞星舞姿自由不拘，两手自然配合，脚步移动位置不大，边走边扭。东方舞舞星各有风格，或以轻松舒展出名，或以热情奔放、活泼欢快见长，或以颤抖剧烈，难度大为其特点。

东方舞在埃及百姓中有着广泛的影响，埃及女孩子尤其喜爱东方舞，不少人无师自通。在朋友聚会上，在办吉庆喜事时，只要鼓掌声一起，就有人找一根带子，围在胯上，脱掉鞋扭起来。埃及人的婚礼十分隆重，双方往往根据父母的地位和财富，相应地雇舞女助兴。

印度妇女额头红痣

印度妇女都喜欢在额头的正中点上一颗指头般大小的圆形红痣。这种痣不是天然痣，有些是人工用颜色点就的，有些则是用各种不同颜色的锡箔剪圆后贴在额上的。印度人把这种痣称为"特丽佳"或"特佳"。许多人也许认为，印度妇女在额头上点痣，不过是一种装饰。其实不然，它的意义很广泛，而且根据各人年龄和境遇的不同，额头上的痣颜色和含意也有所不同。

印度妇女额头上的痣，以红色最为普遍，也有紫黑色韵，通常点于前额离鼻梁一寸的正中。这是特殊的部位，象征幸福。寡妇死了丈夫，一生幸福丧尽，所以不点痣；年幼的少女，也不点痣。此外，未婚的女子，点痣不是用红色而是用紫黑色。生孩子或回娘家时的妇女，也以紫黑痣作点缀。至于已婚妇女，普遍都点红色的痣，这表示她们业已结婚，享有家庭幸福或子女众多。

除此而外，印度妇女额头上的痣，还有对神虔诚的意思。婆罗门教的妇女，每天早晚沐浴之后，都要点上额痣；在出门旅行之前，也要在额上点痣，而且由其家中的老妇或其兄弟姊妹代为涂点。

在某些场合，印度的男子也在额头上点痣。从前，印度的战士在出征之前，由其姐妹代为点上额痣。又如，男子如果要到神庙礼拜，为表示对神虔诚起见，也要先行涂痣。

不要小看额上的一点小痣，印度人认为涂痣的部位是灵感的中枢。因此，每当催眠术家们对人施术时，必须针对被施术者点痣的部位，使人能集中意识。他们认为该部位是不可思议的神经中枢，至关重要。人人都要对该部位加以保护，以求心情舒畅。

印度婚姻习俗种种

印度民族复杂，素有"民族博物馆"之称。少数民族种类之多，数量之大，世界闻名。据不完全统计，有 500 余支，他们在印度社会中占有重要地位。各民族都有自己的文化，更有奇特的风俗习惯，就连挑选生活伴侣的方式也各有特点。归纳起来主要有以下几种：

试婚：男女婚前可同居，以便互相了解和确定婚姻关系。男的到女家后，居住时间长短不一，少则几周，多则数月。如果双方满意，则可结婚。若双方性格不合，男的要给女方的父亲一笔钱，作为赔偿，然后方可回家，婚事就算告吹。但若女方已经怀孕，两人则非结合不可。今天在古吉拉特邦的皮尔族和阿萨姆邦的古喀族中这种风俗尤为流行。

抢婚：男方的人把女的抢来成婚。抢婚分为三种，一是强行抢婚，二是默契抢婚，三是礼仪性抢婚。

强行抢婚即在姑娘及其父亲不同意的情况下，把姑娘抢来举行结婚仪式。大多数民族经济较为落后，男多女少，则采取付款娶妻的作法，即付一笔身价费给姑娘。如男方钱少，姑娘身价费高而无力支付时，便设法强行抢妻。这种风俗，自古就有，相传至今。从前，在印度的那加族、霍族、皮尔族、贡德族以及阿萨姆邦、比哈尔邦和中央邦的一些少数民族中非常盛行。后来，由于政府的限制，随着教育的普及和文明宣传的加强，这种风俗在日益减少。但是，有些少数民族为了维护这种旧的风俗传统，改头换面地创造了一些抢婚新花样。例如，在贡德族中，只要父母同意就可抢婚；喜马拉雅山谷地带的波迪亚族也是如此；在柯亚族、蒙达族和比尔豪尔族等民族中则采用另一种办法：姑娘如不能轻易抢到手，男子可藏身于庙会或其它公共场所，待机而动，只要遇到机会，就往姑娘头上戴番红花。一旦成功就意味着姑娘归他所有，与此同时，社会也予以承认。

默契抢婚即双方家庭商定，某月某日男家前来抢亲。确定了日期，男方便带着亲朋"袭击"女家。女方的家人假装受伤，呆在家里不动，便把姑娘抬到马上，和男青年一起被带走，姑娘故作呼喊哭唤之状。用这种办法，显示男青年的勇敢，并表达对姑娘的爱情。

礼仪性抢婚即男女青年双方情投意合，但遭到父母的反对。在这种情况下，利用庙会、节日的机会，男青年应姑娘的要求公开给她头上涂红，这样父母也只好同意他们成婚。若还不同意，就会有五老会的人出面给他们调解。

考验婚：到了结婚年龄的男子利用庙会、节日等机会，当显示出自己的体力和才干为强者后则有权挑选姑娘为妻，古吉拉特邦的皮尔族就采用这种办法。在洒红节时，人们举行一种名叫"高尔·格泰劳"的舞会。在舞场中央竖立一根竹竿，上面挂有椰子和红糖。未婚姑娘在竹竿四周围成一圈，圈外再围一圈未婚男子。青年们尽情地跳舞，在跳舞过程中，男青年要爬上竹竿取下椰子和红糖，需奋力冲破姑娘们的舞圈。这时候，男青年个个争先恐后，拼命冲挤；姑娘们竭力阻拦，不让他们冲进圈内。有些男子的衣服被撕破，有些男子的头发被揪掉。此时此刻，受伤流血，男青年们也在所不惜。最后，哪位青年冲进圈内，首先拿到竹竿上挂的椰子和红糖，就算他获得了胜利。这样，他就有权挑选在场的任何一位跳舞的姑娘为妻，并且可以不付分文，立即带走。

服役婚：婚后新郎先在岳父家做工服役，到一定时间，相当于付完姑娘身价费后才能把妻子带回家去。这是一种在买卖婚姻基础上发展起来的婚姻风俗。有些经济困难的小伙子，因付不起姑娘的身价费而不得不采用这种办法。当然也有些是婚前服役的，即男青年到女家后，凡是能做的活儿，他都得做，服役时间长短不一。最后把劳动所得，作为姑娘身价费支付。付清了身价费，即可完婚。今天，印度的贡德族、白伽族、凌格考尔族、古吉族、阿耶茂尔少数民族中的穷人仍然采用这种方法成婚。比尔豪尔族则时兴一种未来的岳父把姑娘身价费借给未来女婿的办法，实际上也属这一种。男方借债后，要到女家干活，以抵债务。干活期限不定，直到付清债务为止。今天，在喜马偕尔邦的古杰尔族和北方邦的柯斯族中很盛行。

换亲婚：这是一种两家的姑娘交换成婚的办法，即甲家的姑娘嫁到乙家，而乙家的姑娘再许配给甲家。这样，两家互相交换，免付姑娘的身价费。贫寒之家，往往采用这种办法。在印度，除迦西族禁止采用这种办法外，其它少数民族大都采用。

私奔婚：男女双方相爱，但因遭到父母的反对或因付不起姑娘的身价费，一对情人就双双私逃外地，结为夫妻，过些时日再回到家里，社会便给以承认。这时，父母自然也就无计可施，只好同意。这种结婚方法，不举行任何仪式。今天在蒙达族、霍族、桑塔尔族等少数民族中还颇为盛行。从前少数民族中由于不盛行童婚，所以，上述结婚办法相当普遍。今天由于童婚盛行，此种结婚办法日益减少。

强求婚：如果一位姑娘爱上一位青年，或已订婚而男方还在拖延婚期，或男青年同意又遭到父母的反对时，她要设法同那位青年成婚就得采用这种办法。其做法是，一天，姑娘带上米酒，突然闯入男方家里，对她的突然闯入或赖着不走，当然会遭到男方家里人的反对，男家为千方百计把她赶出门去，会施展种种手段。例如，在火里投放辣椒，使室内气味刺鼻，难于忍受，全家都到室外，只把姑娘一个人留在屋子里；或者往姑娘身上泼热水，甚至遭受一顿毒打，要么不给她送饭吃。而和她要好的男青年这时会偷偷给她送饭，并鼓励她努力坚持，不要灰心。姑娘经受住了这些考验，便会泰然自若地坐在那里不动，就算她获胜。男方父母也只好同意。今天，印度的比尔豪尔族、奥郎沃族、格麻尔族，蒙达族、桑塔尔族等少数民族中还流行这种婚俗。

尼泊尔的德赛节

德赛节是印度教的一个圣节，时值秋谷登场的前夕，即尼历六月新月第一天至望日，相当于我国农历九月初二至十六，历时半个月，是尼泊尔人民最愉快的时刻。

"德赛"，尼文的意思是"十天"，即指印度教中信徒较多的神祇之一——难近母女神奋战马喜沙苏恶魔的10个昼夜。这位身着红袍，乘骑雄狮，长着九双巨手、各执不同兵器和法宝，具有10种化身的降魔女神，以众天神为后盾，经过10天鏖战，终于杀死了恶魔，拯救了天国。为了纪念这位女神的功勋。尼泊尔王国尊她为"神圣的保护者"。

宰牲敬神是德赛节期间最隆重和最普遍的传统祭典，遍及加德满都市的几十个难近母女神庙，热闹非凡。牵着山羊、抱着公鸡的人们，有秩序地进入殿堂，在十几位法师朗朗诵经声中，依次在女神面前砍下牲头，置于祭盘，将鲜血洒向神像，顶礼膜拜以后，踏着血泊欣然离去。

军队也宰牲祭军旗。在军队驻地院内，按尼泊尔王国7个现役旅的军旗，分设7个宰牲场地。王室的代表前来主持仪式，在雄壮的军乐伴奏下，军队的高级将领列队行军礼。礼毕，在身穿红衣的法师陪同下，王室代表给一头黑色山羊行圣水洗礼，即先在羊头上点红，然后往羊身上洒冷水。依尼泊尔的习惯，摇头表示同意。当羊欲抖掉毛上的水，颤动全身，摇头摆尾时，这就表示同意被宰。这时，两个动作利落的士兵抓住山羊一头一尾，训练有素的屠宰手早已做好准备，刀光一闪，羊头落地。两名军人随即拉着没了脑袋的羊绕场一周。最后，乐队再次奏起军乐，卫队鸣枪助威。军队首长参谋长用沾着牲血的手，给各旅军旗按上手印，祭旗仪式宣告结束。这一仪式表示，在难近母女神的保护下，即使遇到像马喜沙苏恶魔那样法力无穷的敌人，也同样能战而胜之。

德赛节的第九天是"点红节"。这天，每个家庭的长者为家庭成员和小辈点红，即把朱砂、大米、花瓣等吉祥物搓揉在一起，贴于前额正中，以表吉祥之意。这天下午，国王和王后在王宫举行点红活动，为广大官员和臣民祝福，使节日的庆祝气氛达到高潮。王宫内的广场用国旗装饰一新，六名骑着高头大马的仪仗官肃立正门，显得十分庄重。文武百官穿上节日的礼服，在王宫左侧列队等候。右侧是广大臣民，其中有衣着端庄的知识分子，有手脚不便的残疾人，有百岁老人和怀中抱着的婴儿，也有衣衫褴褛的贱民……凡自愿前来的人们，均能得到国王和王后的点红。3时整，军乐队奏起了欢快的乐曲，国王站在广场一个高于地面30厘米、铺着红地毯的平台上，每个接受点红的人走近国王肃立行礼，把脑袋略往前倾，国王用蘸有朱砂的右手大拇指点其前额正中，留下一个深红色的吉祥痣。妇女们直奔王宫里面，接受王后的点红。这一活动延续到五时方止。

也门妇女的面纱

也门的大街上的女性，一般都身着黑色的长裙和一块喇叭形的黑色披肩，一条黑色的纱巾裹在头上，宛如一只只黑色的蝴蝶飘然而过。她们的这身装束与西方修女的打扮颇为相似。不同的是，修女的脸是露在外边的，而也门妇女的脸还蒙着一块黑色的面纱。透过薄薄的面纱，她可以看到外界的一切，而外人就难识庐山真面目了。

也门妇女这种装束的背后是伊斯兰教教规的制约和几千年来形成的歧视妇女的封建意识。按照也门的传统习俗，女子只有在自己的亲人面前才能露出脸孔；倘若她的容面被其他男子窥见，那对女子本人及其丈夫都是一种羞辱。

在也门，女子生儿育女，操持家务，侍候丈夫，此乃天经地义；而参加工作，抛头露面，则被视为伤风败俗，有辱家门。对男子来说，妻子参加工作，就会被认为是丈夫的耻辱和无能。即使是一些受过高等教育的男子，也迫于社会舆论的压力，不愿让自己的妻子出来工作。所以，也门的各行各业都鲜有妇女涉足，少数在政府机关和国家企业内任职的妇女也是隔着黑纱与男同事们打交道。至于饭馆旅店等服务行业则都由男子承担，而一些像航空小姐一类必须由妇女担当的职业亦多为外籍女性。

泰国人的禁忌

凡是初到泰国访问的人，必须注意遵守泰国人的风俗礼节，不然很容易发生误会。

泰国人非常重视头部，而轻视两脚，认为头是神圣不可侵犯的。如果用手摸触泰国人的头部，则被认为是一种极大的侮辱。又如长辈在座，晚辈必须坐在地下，或者蹲跪，以免高于长辈的头部，否则就是对长辈极大的不尊敬。某人坐着的时候，也忌他人拿着东西从头上而过。就是住宅门口的上边也禁忌悬挂衣物，特别是内裤和袜子更是绝对禁止的。小孩的头也不可侵犯，如果用手打了小孩的头，认为一定会生病。泰国人睡觉时不能头朝西，因为日落西方象征死亡。泰国人死后才将尸体的头部朝西停放。因此，泰国人盖房子时习惯把正面朝向北边。这样睡觉时头向南边就很合适了。

在泰国人面前盘足而坐或以脚底对着人都是不礼貌的。脚除了走路之外，不可作其他用途，如用脚踢门，会受到当地人的唾弃。用脚给人指东西，也是失礼。

初到泰国，要注意当地人所行的合掌见面礼，外人也可以照样还礼。但要注意，双掌合起应在额至胸之间，地位较低或年纪较轻者应首先向对方致合掌礼。地位或年纪较高者还礼时，手部不应高过前胸。双掌举得越高，表示尊敬程度越深。

学生走过老师面前，须合十躬身而过。在乡村地方，一个孩子走过成人面前，有时须手足落地，爬行而过，以表示对长者的尊敬。

任何官员、平民叩见国王，必须以双膝行进，退后时也用膝代双足，退到相当距离后才起身退下。近年来，谒见泰王、泰后的外国大使或使者已获得优待，可以保持直立，行鞠躬礼。

和尚可不受约束，不必向任何人还合十礼，即使面见泰王与泰后，也不用还礼，只是点头微笑致意。

泰国人也绝不用红笔签名，因为当人死后是用红笔把他的姓氏写在棺木上的。

泰国的 "剃髻礼"

在泰国，婴儿刚满 3 个月时，父母把婴儿头顶周围的头发刮掉，正中留个髻。可能是婴儿头顶部较薄，若全部刮得光光的可能会发生意外危险，所以留下髻就可以起到防护作用，等髻长得能扎辫时，就扎上辫子，在脸前摇来晃去，使孩子显得更加活泼可爱，而孩子的美也就在于怎样打扮发髻。

一般当小孩长到规定的年龄，即女孩 11 岁、男孩 13 岁时，被认为进入了青春期，就开始正式剃髻了。先挑选黄道吉日，布置举行剃髻礼的地点，准备装圣水的锅和纸币、百慕达草等；再准备一个盘子，里边放上刮刀、剪刀；还要邀请和尚前来吃斋、念经。

举行剃髻礼那天早上，被请的和尚前来吃斋。斋后，将已经打扮得漂漂亮亮的小孩，领来坐在和尚面前听经。和尚念一些吉利、祝福的经文后，剃髻礼就开始了。剃髻的顺序是这样的：最受尊敬的老人先剃一撮，接着家族宗亲的代表剃一撮，父母再剃一撮。剃好后，把纸币、银币、百慕达草插进髻里。此时，鸣枪三声，以示祝贺。剩下没剃完的头发再交给剃髻师傅剃完。最后，将和尚带来的圣水洒在小孩身上，剃髻礼就结束了。

和尚回庙后，要宴请前来参加剃髻礼的客人。古时候，还要在半夜时分请人给客人们讲故事等。而现在，剃髻礼基本上变成了一种节日盛会。

越南的染齿习俗

在世界上大多数国家，人们都把保持牙齿洁白整齐作为漂亮和文明的一种表现。可是，越南人并不这样认为，他把保持白齿视为品质不良和作风不正。因此，自古在越南就有染齿的风俗习惯。

许多外国人认为，越南人因吃槟榔造成牙齿发黑。其实不然，吃槟榔和染齿的习惯没有什么必然联系，唯有这两个风俗习惯都有使牙齿坚固的作用。

越南妇女的牙齿乌黑发亮，是使用药物所致。为了染齿，越南人还要忍受小小的疼痛。据越南人说，由于用于染齿的物质都是一些含有热力的辣质，所以导致唇、舌发肿。染齿后，必须半个月内禁食米饭和硬食，只能吃一些粥类的软食或不用咀嚼而容易吞咽的食物，如米粉之类。再者，在染齿期间，为了使药物发挥效力，也应忌嚼硬食。

为什么越南人要忍痛把洁白的牙齿染黑呢？那是受审美观点的驱使。按照越南古代风俗习惯，谁要保留白齿将被天下耻笑，如民歌说，"白齿像犬齿"，"白齿如呆齿"，都含有鄙视之意。因此，黑齿是女郎、少妇貌美的重要因素之一。俗话说："出嫁要与丈夫旗鼓相当；用功面饰，黑齿桃颊。"人不论多么美丽漂亮，齿不乌黑发亮，姿色就会大为减低。过去，越南人无论男女，到了十六七都要染齿。现在，在越南染齿的习惯虽大大减弱，但在农村仍可以看到妇女保持着染齿习惯。

非洲人的发型

非洲人的发型能指明一个人属于哪个种族，他的个性特点，甚至情操。如果碰上一个光头的妇女，几乎可以断定她是一个寡妇。纳米比亚的赫勒罗族妇女在生头一胎时，在自己的头发上挂起镶有铁珠子的冠状头饰。尼日尔小孩头上的发束是一束、两束还是三束，分别表明这个孩子丧父、丧母，或者父母亲双亡。几内亚的富尔贝人在头上留着突出的额发，以此纪念一种圣鸟，据传这种鸟曾把他们的祖先从大难中拯救出来。披散的头发表示男人或女人戴重孝。有时一伙朋友理这种发式，则显示他们之间的山盟海誓，而现时城市青年中也流行这种并非整洁，但惹人注目的发型。

几内亚的科尼阿基族的男人把头上周围的头发剃光，当中的头发束成鸡冠状。他们把这种发型看作力量和美的象征，认为公鸡体现难能可贵的品质。几内亚甚至还有一句谚语："男人应该像一只公鸡"。

富尔贝人和豪萨人把头发束成鸡冠状，马里人和彭勃拉人把头发束成羊角状，贝拉人喜欢梳长辫子，摩尔人把头发做成类似骆驼身上的鞍子，因为摩尔人认为骆驼具有诚实和耐劳的品性。

东非的马萨伊军人把头发束在后脑上，一条长长的辫子拖在背后，辫稍上还打成蛇头似的一个结，再用硬油脂、粘土之类的东西加以粘连。乌干达讲究实际的吉琴加人把头发弄成宽边的蘑菇状，以此来遮挡阳光保护眼睛。

理发师（不论理男式或女式的）都是在室外工作。他们在市场里或大街上撑起一把褪了色的大伞，或者在绿茵如盖的大树下，一本正经地工作着。女理发师边做头发，边哼着古代歌曲。

农村里见不到香水和生发水，可是漂亮姑娘的头发总要擦上香料，弄得香喷喷的。她们往头发上擦薰衣草、檀香油，或者擦相思树树皮浸出来的香液。这一切都是为了美，有时虽然与所宣扬的清规戒律相抵触，但是过去的那一套规矩在现时成了不可理解的东西，而爱美的愿望始终存在。

一般说来，未婚女子的头发理得较短，根据头发长短，辫子数量多少，基本上可以断定未婚还是已婚。

芬兰仲夏节

在芬兰6月20日至26日之间的那个星期六是仲夏节。这时是白昼最长的时候：南部白昼长达20小时，北部则日不落。

仲夏节原是纪念耶稣的门徒、施洗者约翰的诞辰而举行的古老宗教节日。今天，它已经没有多少宗教色彩，而成为民间庆祝光明和万物繁茂的节日。

芬兰各地每年都在仲夏节前夕举行各种活动，庆祝仪式热烈，而且情趣盎然。

赛乌拉萨里岛是芬兰首都赫尔辛基市欢庆仲夏节的活动中心。小岛坐落在赫市的西南部，是个露天博物馆。岛的四周碧波涟漪，岛上绿树婆娑，奇花争艳。仲夏节前夕的赛岛更是绚丽多彩，人集如云。

按照传统的习惯，岛上各处用嫩桦树枝装点起来，象征着生机、兴旺，不少人穿上古老的民族服装。妇女内穿手绣白衬衣，外着色彩鲜艳的竖条格无袖连衣裙，头系一条丝彩带；男人则是白衣黑裤，外罩黑坎肩，头戴黑礼帽，脚蹬黑靴，腰挎腰刀，气质粗犷。小乐队和民间舞蹈队分布在各处，人们在音乐声中翩翩起舞。

一个小伙子表演走独木——站在水面的一根很窄的木头上，手持撑竿向前划行。一排小浪袭来，他身体略向前倾，撑竿顺水势向后缓划，保持着身体的平衡。芬兰人从15世纪开始就用这种办法放木排。

饶有趣味的是，土路两旁每隔一段都设有一个小摊。俊俏的青年男女装扮成古人，实地表演原始的手工艺。芬兰人在中世纪时就学会使用亚麻，到 18 世纪已向外国出口亚麻制品。在赛岛，人们看到古代加工亚麻的方法：将晾干的麻用木制的碾轧器捣碎，然后用麻棒敲打，再用栉梳梳通，最后是纺麻和用麻织布。模仿古人的草编、缝鞋、制毡帽、弹康特林琴的表演。同样令人感兴趣是表演者神态自如，动作娴熟，真实地再现了古代芬兰人民的劳动和生活。

他们用原始的方法烤香肠：整个树干中心被掏空，截成剖面再合拢起来，上下点起微火，人们用铁叉子将香肠伸入火中。烤烟熏得人眼泪汪汪，但他们宁可不断地用手抹泪，也不肯离开。

娱乐节目丰富多彩。白发苍苍的老人和逗人喜爱的孩童一起拔河、套圈。还有人踩高跷、跳跳板。最精采的要算点篝火，这是仲夏节最具有代表性的节目。

在暮色降临时，一堆堆篝火在湖边点燃，很有诗意。据说，古代人就靠篝火来驱逐邪恶，给人间带来光明和温暖。赛岛湖中央的岩石礁上的篝火，更引人入胜。中间是主篝火，用金属架、树枝等搭成，足有几十米高。周围簇拥着代表全国各地区特色的小篝火。大约晚上 10 点 20 分，赛岛教会的小船载着一船人缓缓划向篝火，先将一个个小篝火点燃。这时，岸上观众欢呼声四起。10 点 30 分整，一只小船将一对新婚夫妇送到篝火前。他们从去年在这里结婚的夫妇手里接过火把，点燃主篝火。火势冲天，映照着湖面。岸上人于是载歌载舞，庆祝活动达到高潮。

由一对新婚夫妇点篝火是老传统。仲夏节最有浪漫色彩韵节目是青年男女在这时选婿择偶。岛上有一座有 100 多年历史的古教堂，每年这时人们都选送一对情侣到教堂举行结婚仪式，游客纷沓而至，表示祝贺。这种风俗由来已久。旧时芬兰农村有一个说法：如果篝火烧得一下子倒塌，就预示着村里的姑娘婚事如意；如只烧到了一半，则意味着有一半姑娘嫁不出去。

在现代化的芬兰，像仲夏节这样具有浓厚民间风情的传统活动居然能够保留下来是难得的。

非洲"顶技"

很多人都知道非洲妇女是用头顶水。那圆圆的大瓦水罐，装满了水，在她们头顶，即不掉下，水又洒不了，还不用双手扶罐，行走起来轻松自如。

似乎非洲人的头顶是坚固而灵巧的，他们的平衡技术是高超的。学生头顶书包去上学；农民头顶一捆木柴走向林边；两位工人各头顶一根电线杆的两端，边走边唱；少女头顶一个小钱包在市场漫步；后背用布兜裹着婴儿的妈妈头顶一个小小的奶瓶……他们对头上所顶之物，似乎漫不经心，双手自如垂下，或走或站，或说或笑；但是，被顶的东西绝不会掉下。

当你看到卖鸡蛋的小姑娘头顶一个盘子，盘里高高码着鸡蛋，自己却甩着双手沿街而去，你为这种杂技般的能力赞不绝口；而当你看到一个小伙子头顶一根长长的木杆，手握摩托车双把飞驰而过，你就会认为这简直是一种绝技。

他们的"顶技"是灵巧的，他们的头顶负荷之重又是惊人的。一个 10 岁儿童头顶 20 千克牛肉，却毫无吃力之感；一个男子头顶一个大铁盆，盆内横卧着一辆抛锚的摩托车。如此重物压在头顶，他们的脖子却始终是直直的。

非洲地区颈椎病少见，首先归功先天身体体质，或许头颈部自幼便开始的负重等于恰如其分的运动锻炼，因而使他们增加了抵抗这种病患的能力。

头顶荷物，确实有它的优越之处：被携带的物品放在高高的顶部，腿可以迈开，阔步前进，手可以腾出来干些别的活儿。在非洲，人们常常可以见到：头顶大捆木柴的妇女，同时在怀抱婴儿喂奶；头顶小水罐的牧童，手持树枝在驱赶羊群。

一个民族生活习俗，是通过长期的生活实践而形成的，而所造就的方式，又必须适应于本民族的特征。非洲人的头发乌黑而纤细，一簇一簇非常浓密。人们抚摸一个小伙子的满头卷发，会感到犹如抚摸一块海绵垫——柔软又富有弹性，海绵垫式的结构使放在头顶的东西不至滑下，使重力得到均匀的分布，又可缓解碰撞或摩擦。因此可以说，他们头顶的生理结构，为他们高超的"顶技"打下了生理基础，而勤劳的生活实践又自幼训练出他们这种不凡的生活本领。

阿比杰人的复活节

复活节会使人们联想到基督教徒纪念耶稣复活的节庆。居住在非洲象牙海岸的阿比杰人，每年三四月份月圆之时，也要举行活动，庆祝他们的复活节。

阿比杰人居住在象牙海岸首都阿比让以北几十千米的地方，传说许多年以前当这个民族移居到阿比让北部时，那里土地荒芜，他们无粮充饥。正在这时，灌木神出现在他们面前，给他们带来了锄头、斧子、砍刀等工具；但灌木神要求阿比杰人的头领献出亲生儿子皮迪奥。头领忍痛祭献，灌木神于是教会他们使用工具，开垦田地，并将皮迪奥的肉块放到地里。这时，地上长出了大量玉米、稻谷和非洲山药。阿比杰人得救了。为了纪念皮迪奥，阿比杰人将非洲山药和宰杀好的鸡置于地头，进行祭祀。这就是一年一度复活节的由来。

复活节前，外出谋生的人纷纷返回村里。如果族人或家人间有矛盾，节前就要尽快设法解决，彼此和睦相处。在阿比杰人看来，神灵是不愿领受一个不团结的集体的祝福的。节日前夜，圆月当空。月光下，男青年准备节庆用的木棍，妇女们则纵情歌唱，达姆鼓声整夜不绝于耳。

复活节那天天刚亮，酋长就到村东，高声呼唤神灵。紧接着，所有村民们纷纷呼喊响应，并敲击门板，这是迎生驱死仪式。阿比杰人认为生命来自东方初升的太阳。他们从东方召来生命，把死神逐向西方。随后，各家各户酹酒祝福家庭和睦、村民团结，并用非洲山药和宰杀好的鸡祭祀皮迪奥和祖宗。这时，达姆鼓声四起，人们纷纷向神灵致意。

祭祀结束后，人们汇聚广场，开始复活节的庆祝活动，庆祝节目最精彩的要数魔道表演。一些自称中了魔道的人，直瞪着眼僵硬地行走；有的把鸡蛋捏在手中，声称可以把鸡蛋捏熟；有的躺在地上，让别人用石块撞自己的胸膛；有的甚至用刀子在腹部划出一厘米左右的口子，然后把草叶敷在上面，声称伤口能立即封口结疤。他们的表演和勇敢精神，不时博得围观者的大声喝彩。

下午，村里各个片之间举行战斗游戏，当战鼓擂响后，"敌对"双方互相投掷鸡蛋、杂物，摧毁屏障，逼近敌人，假装大战一场。据说，这种游戏旨在宣泄一些人的争强好斗情绪，使得他们日后能心平气和地与人相处。

傍晚，村民们集队绕村游行。白天"大战"时的头领脸涂黑炭，浑身饰以棕榈叶子，高举大刀，在前引路。其他人则手持木棍，紧随其后。当游行队伍来到被视为物神的大树下，村民们便擂起达姆鼓，载歌载舞，在一片欢叫声中将木棍抛向空中。复活节就这样在热热闹闹的气氛中结束了。

印尼成丁仪式

在印度尼西亚，有的地区当青年进入成年期时要举行专门的成丁仪式。马鲁古群岛西兰岛上青年的成丁标志是加入"老人会"。那个名曰"老人会"的组织实际上不是老年人而是成年男子的组织。岛上的小伙子到了一定年龄都必须加入该组织，只有成了它的成员，才表明他已脱离稚气，成了自力的成年人。

加入"老人会"的仪式充满了恐怖而神秘的色彩。仪式前，男人们先在密林中建好一幢圣屋，亦称"老人屋"。仪式开始那天，入会的小伙子们在母亲的陪同下被送往圣屋。路上他们必须经过一个叫做"鳄鱼口"的小洞，洞内怪声不绝，可怖的气氛令人毛骨悚然。

当青年们进入圣屋后，屋子马上被遮盖得严实合缝，里面黑古隆冬、阴森可怕。母亲们只许在屋外等候，不得入内。少顷，主持仪式的长者走出圣屋，将手中沾满鲜血的长刀展示在母亲们面前，见此情景她们无不认为自己的儿子被害，便一路嚎啕着返回村里。在圣屋里，长者向青年们讲授做人的道理，希望他们个个成为强悍无比、勇于为民族捐躯的英豪。教授完毕，青年们如痴如颠地回到家里，并有意做出常人难以理解的动作，例如有的好像醉汉摇摇欲倒，有的退着步进屋等。这些动作告诉人们，他们已经离开过人世，现在是死而复生，一切须从头开始，新生活正摆在他们面前。待他们恢复常态后，再次被带进森林，由长者向他们传授打猎技术。

马来西亚风筝

在马来西亚，放风筝不是小孩的事，而是成人的活动。每年4月稻谷丰收之后，当东风劲吹，南中国海上空晴朗无云的时候，马来西亚各地，尤其是东海岸吉兰丹州和丁加奴州一带，宁静的乡村田野，棕榈树点缀的大地上，呈现出令人兴奋向往的生动景象：蔚蓝色的天空里，大小风筝，色彩绚丽多姿，造型优美真实，音响奇妙动听，上下翻飞。

马来西亚风筝的长度一般在 1 ~ 2 米之间，宽与长基本相当，但最大的有 6 米长。风筝的形状有鱼、鹰、猫、鹦鹉、孔雀、青蛙等。然而当地人最喜爱的却是一种新月形风筝尾的月亮风筝。在正式的官方场合，马来姑娘常常手执精心制作、图形优美的风筝欢迎贵宾。

风筝的制作相当讲究。首先挑选面向东生长的竹子，据说这能保证太阳精神自早至晚地护卫着风筝。选好的竹子埋到泥土里浸泡一月后，劈成 6 毫米宽，150 厘米长的竹条。熟练的风筝爱好者只用 45 分钟就能扎成风筝的骨架，如果它是一只鸟，那么鸟头要向下低垂，使风筝平衡，而且使"鸟"有"眼"看清一切。然后在骨架上贴糊一层半透明的纸，并在肩膀上绑上响弓。这响弓可使风筝平衡，又产生奇妙的声音。这样，从理论上说，一个风筝就做成了，但事实上，风筝还远未达到放飞的标准。马来西亚人对待风筝的制作和放飞是非常严肃认真的，不加装饰的风筝好像没穿衣服的人，是不能出来旅行的。

马来西亚人对风筝的重视和尊敬可以追溯到几个世纪以前。据说在很久以前，有个庄稼汉在他的田里遇到一个迷路的女孩，他把女孩领回家，像对待亲生女儿一样抚养她。女孩越长越漂亮，他和乡亲们的收成也越来越好，村子越来越富足。这庄稼汉满心喜欢，谁知他老婆产生了嫉妒之心，把女孩赶出家门。从此收成一年比一年坏，他一年比一年穷。后来他才知道那姑娘其实是稻神。有人告诉他，为了向稻神致歉，他必须做一个特别漂亮的东西，使它飞到天上她住的宫殿，并让它发出女人忏悔的悲哀之声，稻神便知道你们正在受苦。那个庄稼汉照此办理，随着风筝的放飞，他的日子又富裕起来。

凡是要取悦稻神的风筝，都要做得非常好看。马来的风筝匠特别善于打扮风筝。当风筝骨架扎好并糊上一层薄纸以后，他们便开始精心装点。图案要讲究对称，剪贴绘画要费工费时，他们都一丝不苟。

马来还有斗风筝的习俗。据说 15 世纪时，有个王子叫阿哈默德，他放飞一个用一寸粗的绳子牵引的特大风筝，仗着线粗力大，他用风筝肆意割断村民们的一个个细线风筝，以此取乐。王子的蛮横行为激起一个姓黄的小伙子的愤慨，他做了一个轻捷漂亮的小风筝，在风筝上粘满玻璃碴子。

这个风筝起飞后很快就割断了王子风筝的粗线，皇家风筝坠入大海，天空又成了村民们自由放风筝的天地。

菲律宾斗鸡

在菲律宾，斗鸡已有500年的历史，斗鸡场1000多个，成为城乡人民尤其是中下层群众最普遍的一种娱乐活动。由于它有赌博色彩，菲律宾政府立法规定每个市镇只准开设一个斗鸡场，并只能在周末和节假日开放。每个市镇都有斗鸡场，斗鸡场设在专用体育馆里，建筑十分讲究。每逢周末和节假日，前往观看斗鸡的人很多。

马尼拉郊外的一个斗鸡场，场内阶梯式环形观众席足可容纳千人。中央设斗鸡台，1米半高，8米见方，台上铺细沙土，四面围以栏杆铁丝网。场内鸡鸣阵阵，赌博买标人的吆喝声此起彼伏。

比赛即将开始，两位鸡主（驯养员）怀抱斗鸡，踏上台来，相对而立。两只雄鸡羽色艳丽，健壮凶猛。鸡主逐渐接近，怀中雄鸡眼睛相对而视，似乎认准了对手。鸡主又置鸡于地上，用手紧紧控制住，两只雄鸡直立，昂首阔步跨向前，待它们逐渐走近，即将接触之际，顿然又被拉开。如此反复几次，雄鸡被激怒了，斗志激增。在其怒气上升到一触即发的程度时，鸡主向高椅上的评判员示意，评判员便发出比赛信号。这时两位鸡主把自己的鸡推向前，拉向后，然后松开手。只见两只雄鸡，怒气冲天，颈羽直竖，伸头向前，双爪紧抓地面，目注前方敌鸡。片刻，双腿后蹬，身躯跃起，振翅冲向对手。在满台沙尘中，双方打得难解难分，又啄眼睛，又蹬后爪，一起一落，羽毛纷飞。脚爪上系着的锋利刀片闪闪发光，场面紧张而惊险。最初，甲鸡失利，鸡主抱鸡少休，饮以清水，继续拼斗。后来乙鸡失利，鸡主也抱鸡稍息。最后决斗，两鸡主远避旁观，战斗愈加激烈。但见飞腾啄扑之中，甲鸡使出绝招，昂头旋转，爪上利刀一晃而过，乙鸡即如泄气皮球，倒地不起，甲鸡洋洋得意，展翼环绕乙鸡四周以示胜利。战斗结束，历时仅两分半钟。

斗鸡的品种很多，有天然斗鸡、家常斗鸡、进口斗鸡和混血种斗鸡等。一只能斗善战的雄鸡往往价值几千比索，是一笔可观的财富，所以鸡主对斗鸡都十分珍爱。

神密数字 "七"

"七"是一个普通数字，然而，许多国家、许多民族却把它视为一个神秘、神圣的数字，对它十分崇仰敬畏。

古代巴比伦人、埃及人、中国人都认为天上存在七颗神圣的星，这就是太阳、月亮、水星、金星、火星，木星、土星。

基督教认为，上帝创造万物是在七天内完成的，因而有一周七天之分，星期日为安息日；主祷文分为七个部分；圣母玛利亚有七件欢乐的事，七件悲哀的事，等等。

犹太教认为犹太人每七天有一个安息日——星期六；每七年有一个安息年，在安息年里人们不事耕稼，休养生息；每过七七四十九年，为犹太人的五十年节，要举行盛大的庆典；一年有三大节日，每次历时七天；第一个和第二个节日相隔七个星期。

佛教有所谓释迦牟尼面壁七天顿成正果的传说；依据佛经万物皆由七种本原生成，它们是地、水、火、风、空、识、根；按照佛教习惯，人死后要祭奠七七四十九天；此外，佛教还有许多与七有关的习俗，例如寺院分为七堂：金堂（本堂）、讲堂、塔、经藏、钟楼、僧仿、食堂，人生灾难有七种：火、水、罗刹、刀杖、鬼、枷锁、怨贼；等等。

在许多国家和民族的文化、习俗中，与"七"相联系的也比比皆是。例如，西方国家尊崇所谓"七德"即审慎、坚毅、克制、公正、信、望、爱；回避所谓七种会遭天罚的罪过"傲慢、暴怒、忌妒、色欲、暴食、贪婪、怠惰"；古希腊的贤者被推出七位，也称"希腊七贤"；世界古代宏伟建筑有"七大奇迹"；人们还曾把世界的海域划分为七大洋即北冰洋，南极洋（实际是洲），南、北太平洋，南、北大西洋，印度洋；中世纪的神学家将人类知识分为七大学科，即算术、音乐、地理、天文，以及雄辩术中的三种方法；现代的生物学、心理学家把作梦、记忆等现象戏称为"生命世界的七大奇迹"；犹太人、阿拉伯人至今仍喜欢以"七"来起誓；日本人常常祈祷所谓"七福神"降福；等等。

为什么世界上众多民族和一些主要宗教如此崇拜、敬仰数字"七"呢？有人认为，这是因为七是三与四之和，而三和四在古希腊毕达哥拉斯学派看来，是两个神圣的数，即能满足毕达哥拉斯定律的两个最小的正整数。另一种看法似乎更有说服力：古代许多民族知道太阳、月亮、水星、金星、火星、木星、土星。日月行空，给人间带来了光明、温暖和生命；昼夜交替，人们不得不日出而作、日入而息；春华秋实、潮涨潮落、甚至女人月经来潮，无不与日月星辰有神秘的联系。于是，代表七星辰的数字"七"也就蒙上了种种神奇色彩，进入各种宗教传说，神话故事、典籍制度中，渗透到许多民族的文化传统和世俗习惯中，一代一代地承继了下来。

伊朗人的姓名

历史演变

伊朗，古称波斯，是个历史悠久的国家。古代波斯人同世界上其他许多民族一样，在很长一段历史时期内，只有名而没有姓。早在公元前1000多年问世的波斯古经《阿维斯塔》中提到的诸位神祇，就全都有名无姓，如造物主名叫阿胡拉、河神名叫阿娜希塔。建于2500年前的阿契美尼德王朝，其国王居鲁士、冈布吉和大流士也都只有名而无姓。文化昌盛的萨桑王朝建于公元2世纪，它的显赫一时的国君阿尔达西尔和沙普尔也没有姓氏。

这种情形一直延续到公元7世纪，即信奉伊斯兰教的阿拉伯人侵入波斯时为止。伊斯兰教的广为传播，对波斯人的宗教信仰、文学艺术和风俗习惯等产生了极为深远的影响。阿拉伯哈里发政权统治波斯的数百年间，由于波斯语和阿拉伯语的相互渗透，阿拉伯人习惯上常用的姓名也被波斯人采纳。与此同时，阿拉伯人的命名方式，即本人名——父名——姓的排列次序，也逐渐在波斯人中流传开来。

加兹尼王朝时期波斯大名鼎鼎的诗人、不朽史诗《王书》（亦译《列王记》）的作者的姓名为哈基姆·阿布尔卡赛姆·本·艾斯哈戈·沙拉夫沙赫·菲尔杜西。此处"本"是阿拉伯字，含有"某人之子"的意思，它前面的二字为本人名，其后面的二字为父名，最后一字为家族名，即诗人的姓。

公元 15 世纪末，伊朗人才彻底摆脱了异族的统治，并逐渐以使用本民族的命名方式即名字在前，姓氏在后为主。姓氏有单姓和双姓之分，名字可由一个或几个字组成。显然，这种"先名后姓"的命名方式较比阿拉伯人的以"本"字表示从属关系的命名方法更为简便。

常用姓名及其特点

伊朗人取名字的范围非常广泛，几乎没有任何限制。一般说来，还是跟阿拉伯人一样，与伊斯兰教有关的名字较多，而与祆教、摩尼教和基督教有关的则较少。与伊斯兰教有关的人名多采用伊斯兰教先知、历任教长及其亲属的名字或称号，又几乎全是阿拉伯词。

在这类人名中，除伊斯兰教始祖穆罕默德外，其他常见的名字有马哈穆德（令人赞许的），拉苏尔（使者），阿里（崇高的），侯赛因（美好的），阿布尔法兹勒（学识渊博的），阿布杜拉（真主的仆人），阿明努拉（真主的忠实奴仆），贾拉尔丁（宗教的荣光），沙姆斯丁（宗教的太阳）等。

还有一类伊朗人的名字来源于菲尔杜西的《王书》。这部卷帙浩繁的史诗通过对脍炙人口的神话传说和历史故事的描述，成功地塑造了许多栩栩如生的英雄人物。有关这些英雄人物的传说和故事通过民间艺人和说书人的吟唱表演，在民间广为流传，深入人心。百姓喜爱这些文学故事人物，因此常以他们的名字作为取名的依据。比如，传奇勇士鲁斯鳍姆和苏赫拉布，贤明君主霍斯鲁和阿努什尔旺，以及情爱甚笃的法尔哈德和希琳等，就是伊朗人喜欢用的名字。这类名字几乎全是波斯词。

此外，历代帝王将相、神学者、科学家和文学艺术家的名字和称号，也是伊朗人选择姓名的重要来源之一。在流行的波斯语大辞典的后面，就附有 500 多个这样的姓名，供人参考。

伊朗妇女的名字，或者转借阿拉伯女人的名字；或者选自文学故事人物；或者以形容外貌和性情的词作名子，如兹芭（美丽的）、法拉赫（快乐的）；或者以动物、植物和自然现象取名，如帕尔旺娜（蝴蝶）、内鲁法尔（牵牛花）、福鲁吉（闪光的）、玛赫塔布（月光）等。伊朗女子出嫁后，多保留娘家的姓名，现代在称呼某某夫人时，用丈夫的姓亦可。

此外，伊朗人的姓氏还有如下几个特点：

1. 以本人出生地名或居住地名为姓。例如，现代音乐家，著名的鼓手侯赛因·德黑兰尼和沙法维王朝时期以编织地毯闻名的玛戈苏德·卡善尼，就分别出生于德黑兰和卡善，但要注意伊朗人有个习惯，常在人名之后加写出生地名，以示他的籍贯，这并不是姓。这种现象很多，若不注意加以区分，则容易和姓氏混淆。另外，有时在人名之后会出现职业名称，如阿汉戈尔（铁匠）、哈考克（雕刻家），这些也不是姓，而只是名字的附加成分。

2. 以部族或家族的名字为姓。例如，现代自由体诗人阿赫玛德·萨姆鲁，就是以萨姆鲁族的名称作姓。又如伊朗现实主义作家贾拉尔，姓为阿尔·阿赫玛德，表示他是阿赫玛德家族的后裔。"阿尔"沿用阿拉伯词，表示家族的意思。

3. 表示家族血缘关系的姓常以"扎德"、"扎代"或"普尔"结尾。

别名与称号

别名与称号是伊朗人名表示法中的附加成分，常和姓名连写在一起。如果辨别不出别名与称号，就很难确定一个人的姓名。

首先应当指出，伊朗人的姓和名皆可单独用来表示某人。亲朋好友之间常以名字相称呼。小说故事中为了叙述方便通常也只用名字。一般学术性文章和著述，若无必要，简单地标出姓氏（也有时写名）即可。当然正式的签名，则必须姓名俱全。

在单独以姓氏表示某人时，习惯上在姓氏之后加写出生地名。如驰名世界的中世纪波斯大诗人萨迪和内扎米的姓后，常标出"设拉子"和"甘泽"的字样，以示其籍贯。有时，还单独以出生地名表示某人，如10世纪博学多才的大科学家阿布利罕·穆罕默德·本·阿赫玛德出生在当时的花剌子模附近的比龙。他的名字可以简写成比龙尼（意为比龙人）。

现代和古代作家中许多人都有笔名或别名，它们也可单独用来表示某人。如众所周知的波斯中世纪抒情诗人哈菲兹（原名沙姆斯丁·穆罕默德）就是以其别名闻名于世。据说，沙姆斯丁·穆罕默德有非凡的记忆力，能把《古兰经》倒背如流，故此获得"哈菲兹"（意为记忆力强的）的雅名。

社会知名人士获得的称号，同样可以单独用来表示某人。例如，现代著名诗人穆罕默德·塔基·巴哈尔因诗才高人一筹而荣获"马立克苏阿拉"的称号，意为诗王。人们只要提起马立克苏阿拉，就知道是指穆罕默德·塔基·巴哈尔。有时称号和姓名并用，排列次序为先姓名后称号。单独以尊号表示某人的例子也有，但不多见。

为了正确地分辨姓名，简略地分析一下伊朗人的尊称，是十分必要的。伊朗人的尊称较多，原则上不能单独使用，须和人名连用，放在最前面。与宗教有关的尊称很多，如哈吉是到过麦加朝圣的教徒的尊称；谢赫是村长、族长、酋长和社会者宿的尊称；阿訇是清真寺教士的尊称；毛拉是熟谙《古兰经》的教徒和清真寺教士的尊称；毛拉那是大毛拉的尊称；阿亚图拉是清真寺大教长和宗教首领的尊称；哈兹拉特是伊斯兰教先知及其家属的尊称。

过去，对王室和大臣都有专门的尊称。阿拉哈兹拉特和欧里亚哈兹拉特就是国王陛下和皇后陛下的尊称，瓦里阿赫德就是王储殿下；瓦拉哈兹拉特就是王子或公主殿下；对首相、大臣的尊称是贾纳伯阿伽，或者贾纳伯阿里，含有"阁下"之意。

现代一般人的尊称：对老爷，先生、少爷等称阿伽，对太太、女士称巴努或哈努姆，对小姐称杜希泽或阿兹拉，在称呼某某夫人时，可用哈努姆加丈夫之姓的格式。

伊朗人有昵称，表示方法很简单，只须在人名后面加个"将"字即可。"将"原意为生命，转意为亲爱的。若不称呼人名，或者叫不出人名时，也可在先生、太太、兄弟姐妹等词的后面直接加"将"字以示亲昵。

宗教篇

　　每个已知的文化中都包含了或多或少的宗教信仰，它们或明了或令人疑惑得试图完美解释这个世界。当某些行为典范在特定的一个文化中得到确立时，它就将在这个文化中打下深深的历史烙印。

耶稣基督

　　基督一词是希伯来文弥赛亚的希腊语译文，意指上帝所派来的救世主，也是基督教对耶稣的专称。

　　基督教关于耶稣生平事迹，全部记载于新约的四部《福音书》中。据福音书载，上帝差派天使加百列到加利利一座名叫拿撒勒的小城去，托梦给木匠约瑟的未婚妻马利亚说她将要蒙上帝之恩怀孕生子，这个孩子将名耶稣，上帝将让耶稣为王。于是马利亚未婚但却从圣灵受孕怀上了耶稣。当马利亚与其丈夫约瑟从拿撒勒来到伯利恒城注册户口的途中在伯利恒一家客店的马厩里生下了耶稣。后世将耶稣的诞生年定为公历的纪元，而诞生日现在称为"圣诞节"。

　　耶稣自小聪明好学，熟记犹太教的各种经典。他很早便认识到上帝给他的

耶稣降生

使命。成年后他在施洗约翰那里受了洗，受洗后曾在旷野里呆了40天，他经受了魔鬼撒旦的试探，拒绝了各种诱惑，然后开始在加利利的各个犹太教会堂宣传天国的福音。他一边行医，一边传教。据说他行了许多奇迹，如使瞎子复明，聋子复聪，瘫子复立，甚至死人复活，于是相信并依从他的人也越来越多。耶稣还召选了12个门徒和他一起传教。由于耶稣的言行触犯了犹太教中的上层人物，犹太教的当权者们对耶稣极端仇视，千方百计迫害他。他们收买了耶稣的使徒之一犹大，在逾越节前夕，将耶稣拘捕，并交给罗马当局。耶稣被鞭打之后，被钉死在十字架上。耶稣的门徒把他的遗体安放在石头凿成的墓里。第三天耶稣复活并向众人显现，第40天升天，第50天派圣灵降临，其门徒领受了圣灵便开始传教。从此，基督教便在罗马帝国传开。

《福音书》中耶稣的故事对于基督教的历史、神学、礼仪都有重大的意义，因为耶稣的故事说明耶稣是上帝的儿子，他的降生、命名以及死后的复活都是上帝的安排。耶稣所宣传的福音中心，是爱天父上帝，爱人如己。这个中心也是基督教所有教义的核心。

历史上是否真有耶稣其人，这是历代学术界争论不休的问题。据有关史料记载，在拿撒勒城确实有个叫耶稣的人，他曾提倡改革，反对犹太教上层的腐化，并有一批追随者。如何评价历史上的耶稣与信仰中的基督，也是后世哲学家关注的论题。然而，不论学者们作何评价，在基督徒眼中，耶稣乃上帝派遣到人间，并以其自身的受难来拯救世人的上帝之子。

圣经

圣经是犹太教、基督教的正式经典。圣经包含《旧约》与《新约》两个部分。在此，"约"字意为盟约，指上帝与其臣民定下的约法。而约法的新旧之分，乃是基督教的看法。基督教认为旧约是上帝与其选民以色列人订下的第一约法，后因以色列人犯罪违法，上帝又差派其子耶稣基督道成肉身为人，来救赎人类，与人另立了新约。

《旧约》是犹太教的正式经典，由于《旧约》大部分是用希伯来文写成，它又被称为希伯来圣经。从内容上看，《旧约》可以分为三大部分。

第一部分为律法书，又称摩西五经，包括《创世记》、《出埃及记》、《利未记》、《民数记》和《申命记》5卷。它主要记载了古希伯来传说中关于世界和人类的起源以及以色列民族的形成和发展的历史。犹太教认为，律法书必须严格遵守，因为它是上帝制定的律法诫条，它表明了上帝与以色列人之间的一种特殊关系。

第二部分为先知书，包括《约书亚记》、《士师记》（上下）、《撒母耳记》（上下）、《列王记》（上下）、《以赛亚书》、《耶利米书》、《以西结书》和《十二小先知书》。先知书记载了以色列历史上重要人物以及众先知的言行事迹。

第三部分为《圣录》，包括《诗篇》、《箴言》、《约伯记》、《雅哥》、《路德记》、《耶利米哀哥》、《传道书》、《以斯帖记》、《但以理书》、《以斯拉—尼希米记》及《历代志》（上下）。《圣录》是宗教诗歌、情歌、格言、智慧故事等的总汇。

基督教的经典除《旧约》外，还有《新约》。《旧约》是从犹太教接承下来的。《新约》也可分为三大部分。

第一部分为叙事著作，包括《马太福音》、《马可福音》、《路加福音》、《约翰福音》、《使徒行传》。其内容主要叙述了耶稣的生平事迹和早期基督教会的发展史。

第二部分为教义著作。这部分所采用的是书信形式，包括《保罗书信》、《希伯来书》、《雅各书》、《彼得前书》、《彼得后书》、《约翰一书》、《约翰二书》、《约翰三书》和《犹大书》。《保罗书信》有13卷，因传为保罗所作而得名。这部分著作是初期基督教最重要的神学著作，它们是对基督教教义的系统阐述。

第三部分为启示书，只有一卷《启示录》。它用大量象征、启示语言，对天主教末日进行预言。整个《新约》围绕的中心是基督。《新约》是用希腊文写成的，各卷成书时间约在公元1世纪到2世纪末叶。

《圣经》的原始抄本都已佚落，现存的最古本也是公元4世纪后的。4~5世纪时，《圣经》被译成拉丁文，16世纪宗教改革前后，《圣经》逐渐被译成各种文字。现今保存下来的最早汉译《圣经》，是明朝末年天主教来华传教士的译本。在中国，新教普遍用的是合和本圣经，天主教则用思高本圣经。《圣经》是人类有史以来流传最广的书，到 1986 年，已被译成 1829 种文字和方言。

创世纪

《新约·约翰福音》的开篇词："太初有道，道与上帝同在，道就是上帝"。这句话说明宇宙存在之前就有了上帝。上帝创造了世间万物。《旧约·创世记》详细记载了上帝创造世界的故事。

传说，宇宙之初，无天无地，无光明无黑暗，也无物无人。上帝在 6 天时间中创造了天地万物，又按照自己的形象创造了人类始祖亚当。为了使亚当生活不孤独，上帝又取亚当的一根肋骨，为他造了一个伴侣——夏娃。从此，亚当和夏娃在上帝造的伊甸园中无忧无虑地生活。伊甸园中有一颗智慧树，上帝警告他们不可摸也不可吃上边的果子，否则必死。住在伊甸园中的蛇却告诉他们，吃了这树上的果子不仅不会死，反而会像神一样知道善恶。

亚当和夏娃禁不住蛇的诱惑，偷吃了智慧树的果子，于是他们的眼睛明亮了。他们因自己赤身露体而害羞，便用无花果树叶为自己编了裙子。为此，上帝惩罚亚当终身劳苦才得糊口；夏娃必遭怀胎生子的痛苦；而蛇将用肚子行走。亚当与夏娃被赶出伊甸园后，生儿育女过着人的生活。他们的子孙越来越多，有的相互残杀，有的干了坏事。上帝对人的邪恶感到愤怒，后悔造了人，于是决定用洪水除灭他在地上的一切造物。亚当夏娃的后代挪亚是个义人，他得到了上帝的恩惠。在洪水泛滥之前，上帝吩咐挪亚造一只方舟，并带上他的妻子儿子儿媳，地上凡有血肉的生物也都带一公一母。挪亚按照上帝的吩咐办好了一切。在挪亚 600 岁那年，洪水泛滥，大雨下了整整 40 昼夜。除了方舟里的生物外，地上凡有生命的都被淹死了。当地上的水退后，挪亚领着妻儿和所有生物出了方舟。这是人类的又一个开端。此后，挪亚之子闪、含、雅弗的后裔分散到各地，而世上一切生物又开始繁殖生长。

《创世记》包含许多篇章，它是关于世界如何形成、人类如何起源的神话，也是以色列人为其历史创造的神话。由于古代社会生产力低下，古人认识世界及自身的局限性远比现代人大得多，因而可以说，许多关于开天辟地、人类产生的美丽神话，就是古代人对自然界和人类自身的一种探索。《创世记》中塑造了一个全知全能的上帝，他是万物的造主，是宇宙间一切的主宰。于是这个上帝就成为基督教所崇拜的神。亚当夏娃偷吃禁果被逐出伊甸园，这一典故正是基督教关于人皆有罪的"原罪"教义的出处缘由。从"原罪"又引出上帝派其子耶稣道成肉身，受难拯救人类，而人要赎罪得救，只有信仰上帝和耶稣。

基督教起源

基督教是世界上拥有信徒最多的第一大宗教。据《圣经》载，基督教信奉的救世主耶稣，其诞生、活动、受难都在巴勒斯坦地区，故一般认为基督教是公元1世纪起源于巴勒斯坦的。

从历史上看，初期的基督教徒主要是犹太人。这是一个灾难深重的民族，它相继受到波斯人、希腊人和罗马人的统治。为反抗罗马当局的血腥暴政，犹太人举行过无数次起义。当公元66年爆发的、规模最大的、为争取民族解放的"犹太战争"被残酷镇压下去之后，犹太人复国的希望破灭了。罗马帝国的铁蹄无所不在，人们只得把得救的希望从此世转向彼岸。

从宗教上看，犹太人信奉的犹太教，也有一个从多神观念向一神观念的演变。犹太教的雅赫维，原来也只是一个地方神。从巴比伦之囚到罗马帝国初期，犹太人目睹了民族大统一的局面，雅赫维的概念随着这种统一观念上升为宇宙间唯一神的概念。这种一神论的观念，是基督教信奉耶稣基督一神的基础。

从思想文化上看，古希腊、罗马哲学，尤其是斯多噶派与新柏拉图主义，对早期基督教神学思想的产生有着深刻的影响。基督教产生的具体过程至今仍然是个迷。《圣经》说，上帝为救赎人类派其子耶稣"道成肉身"，通过童贞女马利亚降世为人。耶稣在巴勒斯坦一带传播"悔罪得救"的福音，扶危救困，行了很多奇迹。后被犹太教上层勾结罗马总督钉死在十字架上，3天后复活升天。他所拣选的使徒们相信其为救世主，他们继续传播福音，并聚在一起举行仪式，这样就形成了最初的基督教会。1947年《死海古卷》发现后，现代多数学者认为，根据《死海古卷》提供的信息，基督教的先驱也许是由农牧民和手工业者组成的犹太教"艾塞尼派"中的"库姆兰社团"。但是类似这样的社团在当时无穷无尽，早期基督教大致就是从无数的这类新宗派中产生的。我们能肯定的只是，信徒们多为下层民众，相信被钉死的耶稣就是救世主，他们集成若干团体，一起讲道，彼此帮助，伸张正义，期待基督再来临。

由于基督教强调救赎、慈爱，强调人人平等，信靠基督皆可释罪得救，在宗教礼仪上，它简单易行，而且破除了民族隔阂，在宗教观念上，它虽然继承了犹太教的经典，但却对它做出了新的解释。正因为具备了这些条件，它很快走出耶稣的故乡，越过民族界限，传播到地中海沿岸各国。

公元 1~4 世纪，罗马当局对基督教进行过多次迫害。但是，适应当时社会需要的基督教不仅未被消灭，反而日益壮大。在此期间，基督教在组织上、仪式上逐渐程式化，其经典《新约》圣经逐渐完成，有钱、有知识、有地位的入教者日益增多，并逐步控制了教会的领导权。对于这样一支巨大的社会力量，罗马统治者只能采取怀柔政策。公元 313 年，罗马皇帝发表"米兰敕令"，宣布基督教不再受歧视，与其他宗教享有同样的自由。392年，罗马皇帝狄奥多西一世正式宣布基督教为国教。从此，基督教开始了成为世界宗教的历程。

天主教与东正教

罗马帝国皇帝狄奥多西死后，他的两个儿子分别掌管帝国的东西两部分，皇徽上的鹰也画上了两个头。公元 395 年，帝国终于分裂。罗马帝国东西两部分在政治、社会、语言、文化传统等方面都存在着差异，这种差异在意识形态上的反映，就是基督教内逐渐形成的以君士坦丁堡为中心，传播于希腊语地区的东派教会，以及以罗马为中心的，传播于拉丁语地区的西派教会。

东西教会的分歧由来已久，而分歧的根本原因，主要在于三个方面。

首先是教会最高权力之争。公元 381 年第一次君士坦丁堡公会议，就规定了君士坦丁堡大主教的地位仅次于罗马主教，君士坦丁堡因此也成为仅次于罗马的首席教区。451 年的卡尔西顿公会议再次肯定君士坦丁堡大主教享有与罗马大主教同等的权力。罗马教会对此不服。其理由是罗马教会是由耶稣的大弟子彼得所建，理所应当高于其他教会，罗马主教理所应当具有最高权力。君士坦丁堡教会对此强烈不满并竭力反对。为了争夺最高权力，东西教会互相指责。9 世纪中，罗马教皇尼古拉一世开除君士坦丁堡牧首佛提乌的教籍，后者也采取了同样的行动，因而关系破裂，史称佛提乌分裂。

第二是教义之争。东西教会在教义上的主要争执是两个字之争。东教会认为，圣灵"从父（即圣父）出来"，西教会在未经东教会同意的情况下，将其改为圣灵"从父和子（圣子）出来"。这一教会史上的著名"和子"句纠纷引起了双方长期的争论不休，真是二字之差分裂永恒！

除此之外，是势力范围与经济利益之争。双方在领土、传教等方面的矛盾冲突也使双方的关系急剧恶化。公元 11 世纪初，东西教会又在宗教礼仪问题上发生激烈争斗。双方都使出了浑身解数，自吹自捧，竭力贬低对方，相互揭丑数陋。

1054 年 7 月 16 日，罗马教皇派红衣主教洪贝尔为首的使节团赴君士坦丁堡谈判。由于双方均不肯妥协让步，反而互相指控，致使矛盾白热化。最后洪贝尔闯入索菲亚大教堂，当众将罗马教会关于诅咒东教会、革除牧首教职的一份训谕放到圣坛上然后拂袖而去。东教会牧首被大大地激怒，立即召开会议以牙还牙，宣布革除罗马教皇及其使节的教籍。从此，东西教会彻底分裂。分裂后的东教会以"正宗"自居，称为正教，即东正教或希腊正教，西教会则以"普世性"自诩，称为公教，中国人译为天主教。

马丁·路德

马丁·路德这个名字会让人联想到 16 世纪震撼世界的宗教改革运动。

路德于 1483 年出生于德国图林根的艾斯雷本城。其父从矿工步入市民阶级，后当选为市议员，成为那个时代由贫民上升为资产阶级的典型。路德先后在马格德堡共生兄弟会和爱森纳赫的圣乔治神甫学校学习，1501 年后又开始了他在爱尔福特大学的生活。那时他是一个有头脑有主见的学生，刻苦钻研、能思善辩。但他从来不为周围的宗教风波所动。1505 年，一件异乎寻常的事闯入了他的生活，改变了他的人生。那是路德从外度假回来，在返校的途中遇上了一场暴风雨，当时电光闪闪，雷声隆隆，巨大的气浪将路德打翻在地，并甩出好几米远。被吓得魂飞魄散的路德大声呼救："救救我啊，圣女安娜，我要出家修行当修道士！"事后路德信守了他的诺言，进了爱尔福特奥格斯丁修道院。1512 年获得神学博士后，在维登堡大学讲授神学。然而路德的内心是充满矛盾和痛苦的，他得不断地与自己斗争，以克服信仰上的犹豫和动摇。直到 1513 年冬春之际，在许多个日夜的苦苦思索之后，路德在维登堡修道院他的钟楼上突然领悟了圣经的真谛：义人必用信得生。路德感到自己获得了新生。可以说，没有"钟楼得道"，也就不会有点燃宗教改革之火的路德了。

路德信仰上的飞跃，使他在 1517 年提出了具有世界历史意义的 95 条论纲，路德在论纲中抨击了罗马教廷滥售赎罪券，并按当时的学术惯例邀请大家来讨论赎罪券的问题。路德将论纲贴在与维登堡宫廷相邻的教堂大门上。他自己也未想到，95 条论纲如火花落入火药桶，一场迅猛异常的宗教改革大火一下就席卷了德国。

路德曾说，上帝就像牵着一头瞎马似的将他带进了历史的事变之中。如果开始是如此的话，那么后来的路德却是自觉地参与改革运动的。在民族运动的支持和群众运动的推动下，路德与教廷公开决裂，并当众焚毁教皇敕令。他一边躲避教皇的逮捕，一边翻译圣经，著书立说，周游讲学，被历史推上了领导宗教改革运动的前列。然而，由于运动的深入，农民平民的觉醒，运动本身的发展已大大超出了这位点火人的思想。路德在政治上日趋保守，开始反对和攻击农民战争，最后公开主张以武力镇压农民起义。1525 年是路德一生关键性的转折点，他与一个叛逃的修女卡塔琳娜·封波拉结婚，以此表示与修道士的生活方式最终决裂。此后的路德一直从事圣经的德语翻译，实行温和的改革，从事路德宗的建设工作。1546 年路德在故乡逝世，结束了他轰轰烈烈的一生。

尽管后人对路德的功过有褒有贬，毁誉不一，但是我们仍可以说，路德是一位在历史上留下了足迹的伟人。今天，在宗教改革中产生的路德宗已成为新教三大主流教会之一，路德提出的"因信称义"的神学主张，早已是新教各派的核心教义；可用来读写交谈的现代德语，也永远记载着路德对之做出的巨大贡献。

加尔文

德国学者马丁·路德点燃 16 世纪宗教改革之火，法国神学家让·加尔文则把改革之火燃遍整个西欧。

1507 年 7 月，加尔文出生在离巴黎约 58 英里的努瓦永城。他的父亲曾任努瓦永主教秘书和座堂教士会法律顾问，因而立意要儿子学神学，后因与努瓦永座堂教士会发生争吵，于是又决定让加尔文学法律。加尔文曾于 1523 年进入巴黎大学，其出色的拉丁文就在那时打下了基础。后他又进奥尔良大学、布尔日大学学习法律。那时的加尔文对人文主义表现出极大的兴趣，但却未被当时发生的宗教运动所触动。

1532 年间，加尔文经历了一次"突如其来的转变"，尽管转变的缘由无法确知，但此后的他却十分关注宗教运动的发展，他认为上帝通过《圣经》对他启示，他必须服从上帝的意志。1533 年他因密友要求改革教会的演讲所牵连，被弗兰西斯国王通缉捉拿。在逃难期间，加尔文对宗教的改革认识加深，他放弃了旧有的信仰，改信新教。1534 年秋，他来到当时新教的中心瑞士巴塞尔，潜心研究《圣经》和神学。他在此期间所著的《基督教原理》否认罗马天主教的权威，对维护新教作了有力的陈述。于是，年仅 26 岁的加尔文一跃成为新教的权威发言人和法国新教领袖。1538 年，因急于推行宗教改革的进程，加尔文与日内瓦市政当局冲突，被迫出走。3 年后他重返日内瓦，在市政新当局的支持下，开始推行他的宗教改革。

他在日内瓦建立了归正教会，并亲自制定了教会宪章，根据宪章规定，每一教会设立牧师、长老、执事，各负其责。这种组织方式一直被新教长老派等教会使用至今。在神学方面，加尔文提出了著名的预定论，即认为人能否得到上帝的拯救，人的命运包括贫穷还是富贵，早已由上帝"预定"，一切都决定于上帝的意志，因此在上帝意志之外去寻求得救的原因是荒唐的。所以人应该努力去工作，一切为了荣耀上帝。加尔文的这个神学主张论证了当时人们勤奋工作的合理性，因而宗教社会学家马克斯·韦伯认为加尔文的宗教观及其促成的新教伦理是现代资本主义产生的动力。在对待圣事问题上，加尔文只承认洗礼和圣餐，他认为在圣餐中圣徒凭信仰领受到基督真正的尽管是精神的临在。日内瓦城在加尔文的指导下，建立了一个政教合一的共和政权，议会由教士和富有的市民组成，加尔文宗（即归正宗）成为该市唯一合法的宗教。

1555 年后，加尔文致力于向其他国家推行新教教义，他收留了大批欧洲难民，这些人后来成为传播加尔文宗的力量。加尔文还创办了"日内瓦学园"，这就是后来的日内瓦大学，学园很快成了加尔文宗的神学教育中心。它培养出来的牧师被派往英格兰、苏格兰、德国和意大利。日内瓦逐渐成为新教加尔文宗的国际中心，号称"新教的罗马"，加尔文也被誉为"唯一的国际性的宗教改革家"。

基督教教堂

教堂是基督教举行宗教仪式的地方。当基督教成为罗马帝国的国教以后，建造教堂的历史便开始了。最早的教堂多由宫殿改建或仿照宫殿式样建造，因此，基督教的教堂以雄伟、壮观、庄严、肃穆著称。

不同时期的教堂建筑风格是各不相同的。早期的教堂多为长方形结构，这种建筑形式在当时被认为是最完美的。8 世纪后，拜占廷式的教堂开始出现。这种教堂在结构上呈正方的希腊式十字架形，内部装饰比过去更加富丽堂皇。11 世纪教堂建筑进入"罗马式建筑"时期，其特点是教堂建筑空间宏大，横厅和中殿呈纵长方的拉丁式十字架，教堂各部分自成一体，又相互结成整体。

12 世纪后期到 15 世纪末，是教堂的"哥特式"时期。哥特式的教堂塔尖高耸，立柱修长，玻璃窗五颜六色，给人以神圣感。文艺复兴时期，教堂的建筑风格又回到古代希腊式和罗马式。宗教改革时期提倡简化圣事，简朴也成为教堂的建筑特点。现代的教堂，多为现代建筑风格，造型上讲究独特，不再千篇一律，而是百花齐放。20 世纪中期后，一些具有民族特色的教堂开始出现在一些新独立的国家。值得一提的是，不论是古代风格还是拜占廷式、是罗马式还是哥特式、是现代式还是民族风格式的教堂，大理石都是其不可缺少的建筑材料，或用于地板的拼花，外墙的贴面，或用于堂内的立柱，堂内外的雕塑。现在让我们来游览一下世界最为著名的大教堂。

位于梵蒂冈城的圣彼得大教堂是世界上最大的天主教堂。它于16世纪初始建于罗马。这座建筑集中了16世纪意大利建筑艺术上的最大成就，也凝聚了几代著名建筑大师和艺术大师的艰劳和智慧。在其修建的120年间，拉斐尔、米开朗基罗等著名大师都为之做出过贡献。它是最具有文艺复兴时期建筑特点的代表。

巴黎圣母院是早期哥特式建筑的典型。它坐落在巴黎塞纳河中城岛的东部，12世纪初动工，历时150余年。教堂顶的大钟重达13吨，钟响时声震全城。

英国伦敦城内的威斯敏特教堂建于7世纪初，11世纪后扩建。这个教堂不仅是一个宗教胜地，也是历史上英国政府的活动场所，英国国会曾在这里召开。威斯敏特教堂还以名人圣殿闻名于世，那里安息着英国历史上最著名的政治家、军事家、诗人文豪。

东正教著名的大教堂当推位于土耳其伊斯坦布尔的圣索菲亚大堂。它建于6世纪，在造型上它融合了罗马式和希腊式建筑特点。它与雅典和罗马的万神庙并称为古代三大建筑杰作。

纽约曼哈顿河滨大道上的河滨教堂是美国新教著名的教堂。这座现代教堂的钟楼高20层，上有由74个钟组成的世界上最大的钟琴。基督教的这些著名教堂现在已成为名胜古迹，人们在里面可以倾听到这些由大理石筑成的交响诗从古讲述至今。

三位一体说

基督教把创造并主宰天地的上帝称为"圣父"，圣父为拯救人类而遣圣灵通过马利亚之身生下耶稣，耶稣作为"道成肉身"，即是"人子"，具有完全的人性，又是"神子"，具有完全的神性。他作为基督（意为救主）而被称为"圣子"；耶稣受难升天之后，圣灵（中国天主教译为"圣神"）继续在世间活动运行，以使人从背离上帝的境况转向上帝"和好"。

基督教把圣父、圣子和圣灵看作同一个上帝的三个"位格"，即"三位一体"，意指三者各有特定的位分，却完全属于一个本体，同为一个独一的神而不是三个不同的神。教会认为这是不能凭理性理解，只能靠信仰接受的"奥秘"，所以关于三位一体的论述属于神学中的"启示神学"或"天启神学"的课题。这项课题又称"三一论"，它一般以《尼西亚信经》和教会历次会议通过的关于"三位一体"的表述为基础，以新旧约圣经和教父著作为依据，解说父、子、灵三者互有区别不可混淆，但又同性、同体、同等而同为一个上帝的信条。这项课题还对"三一论"名称的由来，这项信条产生和发展的过程进行历史研究，并研究在三一论教义发展中出现的各种不同学说及其相互间的论战，以及在这项信条上确定正统与异端的标准等等。

基督教神学家一般都认为三位一体论超乎理性但不违反理性，不少西方哲学家也同意此说。但是历史上对这项教义的解释还是众说纷纭。圣经中本无"三位一体"一语，但正统教会根据圣经记载，认为上帝通过父、子、灵三者的行动或表现而显示其本体，这是三位一体论的根据。在古代，奥古斯丁曾用心灵的"记忆、理解和意志"，或人间爱的"爱者、被爱者和爱的行动本身"来类比地说明三又一的关系。中世纪的阿奎那亦有类似说法。现代神学家也有各种各样的说法，例如，有用类比心理学的"知、情、意"学说来解释者；也有按照"上帝即存在本身"的理论，把父、子、灵分别称为"创始的存在""表达的存在"和"统一的存在"，后一种说法指的是"存在本身"创生万物、表达自身以及使万物与自称复归统一这三方面的功能。

佛教的产生

释迦牟尼作为世界三大教之一的佛教的创始人，本是一个历史性的人物，所谓神通广大、大智大慧、手长过膝、面如满月的描写，不过是世人对他的渲染和神化，出于宗教信仰的崇拜而出现的。

释迦牟尼佛本名悉达多，意为"义成就者"，姓乔答摩，出生于古印度的迦毗罗卫城（约在今印度、尼泊尔边境），大约生活在公元前 566～486

年。释迦牟尼是佛教徒对他的尊称，意思是"释迦族的圣人"。此外还有佛陀，世尊等名号。

释迦牟尼出身显贵，是迦毗罗卫国净饭王太子，其母摩耶夫人早死，由姨母抚养长大。他早年生活优裕，又受到过良好的教育，后娶妻生子。此时的古印度各国之间相互争战讨伐，民不聊生，他所属的释迦族又受到邻国拘萨罗的威胁，朝不保夕。亡国灭族的预感，"积尸如莽、流血成池"的人间惨象，使他判定世间"无常"。又转向自身，反思人一生历经生、老、病、死，无论贵贱终不免相同的命运，而发出人生是苦，苦海无边的悲叹。终于在20岁毅然舍弃王位，出家修行，踏上了探索人生解脱的漫漫长路。

离家以后，他到处漫游寻师，曾在尼连禅河边静坐思想，实行苦行，据说他9天才进一餐，身穿树皮，睡在牛粪或荆棘上，6年后，身体消瘦，形如枯木，却依然没有发现什么真理。于是他抛弃苦行，来到菩提伽耶，坐在菩提树下静思冥索，历经7天7夜，终于觉悟成道，因而被称为"佛"，意思是"觉悟者"。这一年他35岁。

释迦牟尼悟道后，为使他的思想学说被世人所理解和接受，他便开始了长达45年的传教活动。他先在婆罗奈城郊的鹿野苑，向阿若侨陈如等他的5个侍从宣讲"四谛"（意为"四条真理"）的道理，并收他们为最初的佛弟子。这次传教被称为"初转法轮"。以后释迦牟尼主要在印度的恒河流域传教，舍卫城的祇园精舍和王舍城的竹林精舍，成为他布道说法的重要场所。他传教的对象，上至国王、大臣，下至渔民、妓女，很快他的学说在社会上得到广泛的传播。起初，他和他的弟子们云游乞食，后来方建立了僧院，并制定了戒律。据说他在拘尸那迦城郊一条河边的婆罗林中圆寂，终年80岁。殁后火化的遗骨被称为舍利，为教徒们建塔供养。

以后，由释迦牟尼开创基业的佛教广泛传播于亚洲很多国家和地区，对各国的政治和文化生活产生过重大影响。他所创立的一整套佛教学说，2500余年来一直影响了人们的精神生活，许多理论和实践至今仍为佛教徒所遵循。他提倡要人们去除欲望，追求清净解脱，摆脱世俗的事务烦恼，对现代处于紧张运作社会中的人们，也不失之为一种自我调整的方法之一，仍有着一定的现实意义。正因为此，他所创立的佛教能够绵延2000余年。

今天，佛教仍流行于中国、日本、东南亚诸地，并传播到欧美各国，成为一个超民族和超国家地区的世界性宗教。

小乘佛教

乘"是外来的佛教名词，依照"乘"的梵文原义，即为"运载""车辆"，或者有"道路""事业"的意思。小乘，即小乘佛教，是指大乘佛教产生后对其先前的原始佛教和部派佛教的贬称。因此，先有小乘，即原始、部派佛教；后有大乘。换言之，小乘是大乘发展的前题。小乘的主要经典是《阿含经》等。它产生于古印度的奴隶制社会，大约在公元前 6～5 世纪左右，相当于我国春秋百家争鸣时期。

按照佛教的说法，所谓小乘，就是小道小业、车小路窄的一类。它只能"度"自己或一少些人，即"自利"；它不能"普度众生"，即"利他"。但是现在所使用"小乘"的说法，是一种约定俗成的专门名词，它不再含有任何贬意。

大约在公元 1 世纪前，小乘的一些部派向大乘各派发展，最明显的是，小乘的大众派系向大乘的空宗发展；另一是小乘上座部向经量部发展，进而形成大乘法相唯识有宗。这些发展的地区，一般地说经济比较发达；而一些经济发展缓慢的地区，则基本上保持着小乘的主要特点。

现在小乘主要流传于斯里兰卡、泰国、缅甸、老挝、柬埔寨等南亚、东南亚各国和地区，属于南传佛教，自称"上座部佛教"，并反对"小乘佛教"的说法。我国三大地区佛教之一的云南傣族等地佛教（简称云南佛教），均属上座部佛教。

从理论上讲，小乘一般主张"我空法有"，即否认有真实的自我，但不否认客观物质世界的存在。从实践上讲，小乘佛教徒认为佛祖释迦牟尼佛是最高的，一般世俗之人是达不到他的地位的，教徒即便修行，也只能证得到阿罗汉的果位而已。所以小乘佛教徒关心自身的解脱，追求无我的境界，佛教称为"灰身灭智"。但是，小乘佛教徒也关心世间，主张行善的宗教伦理道德，反对作恶的活动。只是他们更多地认为行善去恶是每个信徒自身所具备的起码素质，毋需别人去多点拨。在具体修持方法上，则注重于持戒修行，有了戒行以后再去修习定，然后取得佛教的智慧，走的是一条渐渐获得觉悟的道路，称作"渐修"。

其实，佛教关于"乘"的说法，本来就是后人为了抬高自己，贬低别人的做法，并没有实际的意义。小乘佛教能够经过2000多年的时间，至今还在世界流传，说明了有其存在的理由。世界本来是一个多元化的社会，每个国家，每个民族甚至每个人都处在不同的环境，因此根据具体的情况，才能决定采取什么学说和宗教信仰。小乘佛教所主张的"独善其身"，行善去恶的思想至今仍然有着重要的现实意义，如果我们不能首先把自己管理好，又怎能去教育别人，影响人家呢？如果每个人都"从我做起"，那么整个社会和世界就会减少许多暴力凶杀等犯罪活动，行善去恶是普遍存在、适用于一切社会的道德准则。

净土宗的学说

印度龙树的"净土三经"和世亲《往生论》被传译之始，就一直风靡中土。一个构想神秀，"妙有"的佛国乌托邦紧紧吸引着乞求改变命运的芸芸众生。《无量寿经》的美妙、《观无量寿佛经》的精致、《阿弥陀经》的简捷平等、《往生论》（全名《无量寿经优婆提舍愿生偈》）的渴求，深深打动了苦难中挣扎的人们的心扉。据史书载，东晋名僧道安首持这种信仰修行，每次他带领弟子8人，同在弥勒像前立誓，发愿往生兜率（即净土）。稍后，竺法旷又倡导一种祈求往生弥陀净土的思想，其中西方三圣的观音信仰也始行于此时。以后道安高足弟子慧远在庐山邀集18贤，成立白莲社，发愿往生西方净土而名噪一时。因此被尊为净土宗初祖。此外，还有一位对东瀛至今有影响的净土先驱，他是北魏住玄中寺的昙鸾。他所著《往生论注》对后世影响久远。据说现在日本僧人还尊玄中寺为净土祖庭。但是，真正的净土创宗人是唐代的道绰及弟子善导。道绰以前，修净土偏重"观想"，经道绰改为"持名"（称名）念佛，即只念阿弥陀佛的名号。前为心念，后为口念。因此由道绰改革的净土信仰的简便法门，奠定了净土宗形成的基础。至于到了善导，极力推崇"念佛"，还根据"净土三经"中的"西方极乐世界"的描绘，创作了"净土变像"300幅壁画。他一生著述甚多，主要有《观无量寿佛经疏》、《往生礼赞偈》。净土宗，由善导实际创宗于终南山。会昌法难后，净土宗绵延不绝，明清两代更为盛行，出现了禅净双向修行的局面。

净土宗也称莲宗。其世系、法统，历来有"莲宗七祖""莲宗九祖"之说。净土宗创宗经典，为三经一论，即"净土三经"和《往生论》。净土宗人主张俗居的现实世界是"尘世""秽土"。"西方极乐世界"，其教主是阿弥陀佛。那里由"七宝"（金、银、琉璃、珊瑚、琥珀、砗磲、玛瑙）合成的五光十色的一切，是个富丽堂皇的理想之国。无论是僧人、居士，还是普通常人，只因口诵教主名号，就可以死后往生西方净土，达到最高的理想境界。

净土宗经文短制、义理单一（目标明确），诱惑力强，修行方法简便易行，确实是"功高效速"的简便法门。由于净土宗经文简短，修行便捷，又向所有人出售通往净土的门票，对于长期处于种种困扰中的人们，这无疑是一剂沁人心肺的良药。他们似乎真实地感觉到了一种往生佛国的平等权力，精神和心理上得到了一种极大的满足，于是他们便投向了净土的怀抱。因此在长期的封建社会里，广为传播，经久不衰，并流布至今。比如像《净土资粮》一类的浅显读本，现在还广为流通。唐宋时期，该宗远播日本、朝鲜。在日本特别兴盛，派别林立。12世纪初，由法然创立净土宗，其弟子亲鸾开创净土真宗，分为大谷和本愿寺派等等。

印加宗教

印加人是南美洲印第安人，源自安第斯山中部的库斯科谷地，属于克楚亚部族。12世纪，印加人建库斯科城堡为首都。13～14世纪时，势力日强，逐渐向外扩张。至15世纪中叶，印加人几乎征服安第斯山区的所有部落，建立高度集权的、强大的国家体制。印加帝国的势力范围，北起今厄瓜多尔和哥伦比亚南境，南至今阿根廷的图库曼和智利中部，长达4800多千米；西起太平洋，往东深入亚马逊森林，包括今秘鲁和玻利维亚。

在印加的官方祭祀中，对太阳神印蒂的崇拜居于凌驾一切的地位。太阳神被视为促使禾稼成熟者和农作物的保护者，印加王族的祖先。首都库斯科的太阳神庙，是主要的宗教圣地。神庙由岩石构筑，中央大殿用金砖砌成。

太阳神偶像是一个硕大的金制日盘，周为光束，中为人面。君主称"印加"，即为太阳神之子以及该神的最高祭司。神庙还供奉司雷电和气候的男神，掌礼仪、历法的月亮女神，以及其他诸星为神灵。其中有的神被认为专管人间某些特定事务，或主宰某些特别用途的动物。印加人还崇拜去世诸王的木乃伊，认为其具有超然的神力。

印加人力图将他们的太阳神崇拜与各地原有的古老神灵相联系，从而产生一位无名的高位神，被认为是其他诸神和一切活物的创造者，但已将权力交给其他诸神而退隐。它有许多称号，主要称号是"维拉可卡"。15世纪时，由于统治者的推崇，对它的崇拜在贵族中流行。它被称为"世界之尊师，普天之最足智多谋、年高德劭之尊长"，是远古的文化英雄，印加各部落的创造神。因为它是一切权力之源，故无需建神庙、设圣地，仅有一人形金像。

祈祷时，常向它献上第一篇祷词，然后依次对日、雷、月、星及地母、海母祈祷。其主要崇拜中心，在古代文化的发源地蒂亚瓦纳科。祭祀都在室外进行。神庙只是神像居处和法器储存处，以及祭司和"特选的妇女"住所。参加祭祀者要洁净其身，常常伴以认罪、悔改，在活水中沐浴等活动。祭典以供奉牺牲为主，祭品常为骆马、豚鼠和伊拉麻果（一种热带果品）。新王（"印加"）登基或重大出征时，则举行人祭，常以神庙特选的妇女为祭品，有时也用她们的幼儿或战俘作牺牲祭神。祭司的等级分明，有完善的教阶制度，并参与政治活动。大祭司为终身制，掌握实权，可婚娶，其下各级祭司由其任免，兼任各地官职。各地设有祭司学校。特选的妇女自幼选入神庙培养，成年后或作君王贵族妻妾，或留居神庙服务，需要时则作祭品献神。

16世纪西班牙殖民者入侵后，印加宗教和文化发展同归澌灭。

源远流长的犹太教

犹太教属世界宗教最古老的一神教，起源于约公元前1500年前的近东

192

地区，其信徒称犹太人。尽管犹太教的信徒相对而言并不多，但犹太教对古代人类文明的发展曾产生巨大的影响。即便在今天，犹太民族及其国家以色列在世界政治与文化舞台上仍发挥着异乎寻常的作用。而犹太教则是认识犹太民族和以色列国的主要背景知识之一，因此，了解犹太教不仅将有助于认识与犹太民族和以色列国相关的各种现实问题，而且还有益于理解人类文明尤其是西方文明的演变和发展。

犹太人古称希伯来人，原属游牧部落民族，后定居迦南（今巴勒斯坦），开始向当地的迦南人学习务农，逐渐形成农牧社会。据说犹太人的祖先亚伯拉罕为了防止希伯来人被迦南人同化，曾四处游说称部落神耶和华为万能之神，而耶和华则视希伯来人为其"选民"，还和他们订了"圣约"，赐福保佑他们。为了增强犹太人氏族的凝聚力，得以在颠沛流离的游牧社会生活中保持氏族的团结统一，在农牧社会中自立生存，亚伯拉罕首先提出以信奉耶和华为唯一神的宗教信仰，成为犹太教宗教信仰的创立人。犹太人传说的另一位民族英雄摩西，在公元前 13 世纪曾带领以色列人逃出埃及，摆脱了埃及法老的残酷压迫，在沙漠中长途跋涉达 40 年之久，历经各种艰难险阻，奔向那"流着奶和蜜"的地方——迦南。途中登上西奈山，领授由耶和华传授的十条戒律，即圣经《旧约》中的"摩西十戒"。其主要内容分为两部分，其一为宗教信仰：要信奉耶和华为独一至神，要守安息日为圣日；其二为宗教伦理：当孝敬父母。不可杀人。不可奸淫。不可偷盗。不可作假见证陷害人。不可贪他人的一切。摩西为了解决犹太人的苦难，试图建立一种公正的人类社会，同时也为了锤炼犹太人氏族用以抗衡异族强权欺压的坚韧毅力和持久不衰的耐力，提出以道德伦理来拯救其民族的思想，成为犹太教道德伦理的奠基人。后来的犹太教律法便是以摩西十戒的伦理原则发展形成的。从此，犹太教便在西奈半岛诞生。在犹太教早期的创立和发展史中，曾有很多杰出的人物做出极为重要的历史贡献，如大卫王创建并完善了犹太教的礼仪教制。所罗门建造了圣殿等。

弱小的犹太民族尽管在长达 3000 多年的历史长河中，饱受各种异族强权势力的奴役欺压而未泯灭消亡，反之却顽强生存，在世界各地得以广泛传播，对人类文明的发展做出惊人的贡献，犹太教——犹太民族的认同不能不说是起到至关重要的作用。犹太教不仅开创了世界宗教一神教的先河，对继之而后的基督教和伊斯兰教的产生先后曾起到过巨大的促进作用，而且对人类文明的其他诸多领域如哲学、思想、艺术、科学与医学、文学、教育、音乐、电影及戏剧等，都曾产生极大的影响和做出卓越的贡献。

犹太教首创的一神教思想，成为继之而后产生的基督教和伊斯兰教这两大一神教的教义核心或基础。犹太教对世界宗教的头一个主要的贡献，是其首创的一神教思想。尽管一些古代宗教在犹太教产生前亦曾有一神教观念，但它们所想象的一神却缺少犹太人一神的某些特征。以色列人的一神即上帝所独具的特征，包括：（1）他是超验的，也就是说他超脱于自然界和人类世界。他甚至是宇宙万物的创造者。（2）上帝是万有的。他没有时间、地域或人文环境的局限，他无所不在。（3）他无所不知，无所不能。（4）尽管上帝超脱于他的造物，但与其又有连带关系，上帝是自然演变和人类发展的操纵者。他的意志通过自然现象诸如良田沃土或自然灾害、世界各国各民族的社会、政治与军事的历史得以显现。此外，他还惩恶扬善，是人类行为的终审法官。

犹太教对世界一神教的第二个主要的贡献，是在宗教道德与伦理方面。大多数我们通常认可的有关基本的人类的权利与责任、伦理行为和正义的准则，最初都源自于摩西十戒。譬如，按照犹太人的传统，人们有思维能力和意志自由对于行动作出抉择。不仅如此，人们还有责任过一种有道德的生活，因为这是人类存在的目的。做出有悖道德的错误抉择或逃避生活中的道德挑战，都是不道德的行为。这些道德思想之所以在世界很多民族的人们当中成为共识并得以广泛应用，原因在于它们最初是由犹太人要表达上帝意欲实现一种公正的人类社会的信仰而提出的。

对世界宗教的第三个重要的贡献，是有关为自己社团服务的思想。犹太教教导人们，要对得起上帝赋予的生命，也就是说上帝寄希望于人的这种造物能有所回报。善行传统和在教育、卫生健康及政府各部门的或任何一种社团工作的"上乘表现"，对犹太教来说都是必不可少的。

多哥的原始宗教

供奉众神

在多哥农村，许多村庄的入口处都立有泥塑神像。在家庭的院场内、屋门口，也总有一两个，甚至好几个泥塑小神像，在大村庄和集镇中心往往建有神庙，里面供奉着各种神像、神物。这类神像大多造型粗糙，有的只不过在顶部置有象征脑袋的园锥体。神像脸部也至多用贝壳镶嵌出眼睛、鼻子和嘴巴，有的身上还插着一些象征刀戟的铁片。但是，这并不能减弱它们在当地人心目中的神圣地位。

原始宗教信仰万物有灵，受到崇拜和供奉的神灵包括沮宗、庄稼、树木、动物、土地以至天象。

多哥的原始宗教认为，人死了灵魂依然存在。祖宗的灵魂可以守护自己的家庭和村庄。它们保护后代，驱除灾祸，暗中惩罚伤害本家族的恶人，甚至能使农业丰收。在多哥南方，人们还相信祖宗可以再生，认为每个新生婴儿都是一位祖宗的化身。因此，孩子出生不久，还要举行仪式来让祭师指明这是哪位祖宗的复生。

但是，并不是所有亡人的灵魂都有这么大的威力。据说，能够复生的祖宗首先必须在生前为人正直、清廉，并享有高寿；同时，在他死后，后代还需为他举行丧礼，并经常祭祀以超度他的灵魂。

除了祖宗的神灵，受到供奉的还有不少自然神。多哥人最熟悉的自然神有大气神、村庄守护神、蛇神、雷神，天花神等，其中有些因有益于人类而受到敬重，也有些由于带来灾祸而受到敬畏。在乡村地区，一些高大的树木，如猴面包树、伊洛克树，也往往被视为保护神，上面系着标志神物的布条。

难以企及的天神

多哥的原始宗教也有自己的上帝。在多哥南方，人们信仰的上帝名叫马乌。

据说，世界是由马鸟创造的。他把原来像一个大葫芦似的混沌世界一分为二，底为地，盖为天，然后又创造了诸神，人、动物与植物，马鸟自己也生活于其间。那时候，天与地是很接近的。妇女舂米时一不小心杵杆就会碰到天空；男人则习惯于将弄脏的手在天幕上擦拭干净；有时地上食物不够，人们甚至不惜割上一小块天来煮食。人们的这些做法触犯了马鸟，他干脆让天地远离开来，自己也迁居到天上。从此，上帝成了人们难以企及的天神。

上帝自己不再直接管理地面上的事情，他依靠手下的几个使者与地面保持联系。传说马鸟的主要使者有以下几个：天神赫维叶索，他惯于以雷声发泄气，也称为雷神；土地神萨克柏法，他习惯以天花威胁人间，也称天花神；大气神阿法，他置身于天地之间，既解天意，又请人语。另外，还有村庄守护神莱格巴和蛇神丹等。

传说在这些二等神之间，为争夺位次，曾发生过各种纠纷、争斗和大战，风、雨、雷、电、天花，就是他们交战时使用的武器，有些二等神甚至串通起来，要谋害上帝，但最后均为上帝制服。

林立于多哥乡村小镇的神像大都是这些上帝的使者，即二等神。上帝被认为是不可企及的，一般不设庙供奉。人们通过供奉上帝这些二等神来间接供奉上帝。

修道院

多哥的原始宗教拥有自己的修道院。修道院大都建在农村或城镇的偏僻地方，通常是一些圆形或长方形草屋，里面供奉有神像、神物。

修道院的职业教徒中，有许多是世袭的，来自传统职业教徒的家族。也有些是父母将珍爱的独生子女或体弱多病的孩子送进修道院以祈求消灾减祸的。在多哥北方，专门的修道院不多，但青年男女到一定年龄都要到山林里举行领受宗教教义的仪式。

孩子进修道院，要举行隆重的礼仪。据说，入院孩子先要假装死去，由人们用白色缠腰布包裹，再卷在席中运往修道院，以表示与世俗生活彻底决裂。孩子在院里幽闭七天后，方才"苏醒"。然后由老教徒给他剃光头发，行过洗礼，祭祀过修道院神，才开始修行。

修行生活的长短因院而别。短的三四个月，长的达数年。在院里，修行者必须严守院规，经受精神和肉体上的种种磨练和考验。闲的时候，他们也进行编席、编草帽、搓绳等手工劳动，这些产品由老教徒拿到市场出卖，作为修道院内部花销。同一修道院教徒间的关系是很亲密的。他们被认为是一个家庭的成员，以兄弟姊妹相称。

教徒还俗也有专门礼仪。家庭送来鸡、羊、酒等实物和现款，用作礼仪开销。教徒们跳起宗教舞蹈，送修行期满者回家。教徒还俗后，可以和正常人一样结婚、生育。修道院一般不允许外人进去。有些修道院还带有浓重的神秘色彩。

宗教迷信

在乡村的日常生活中，还留着原始宗教的一些迷信色彩。人病了，往往要去修道院求神问卜，久病不愈，要举行"驱鬼"仪式。

垃圾往往被视作灾祸的象征，人病后，家人为使病人祛病去灾、常常请祭师来，在房间里收集破布、残竹片一类垃圾装进一个篮子，让病人将篮子丢到祭师指定的地方，表示已将晦气送走。

在洛美以东的多哥维尔村，村民还有两年一次丢垃圾、除晦气的集体行动。时间一般选在八月底九月初。届时，家家户户清扫住房，场院，将垃圾扫成堆，晚上九点左右，一齐带着火棍将垃圾堆烧掉。第二天一大早，村民们又带着用玉米叶子包着的垃圾，到遥远的灌木林中，高叫着："灾祸，滚吧!"将垃圾一齐抛掉。回村时，人们去湖中洗澡、净身。

祭祀是很常见的活动，祭祀用的牺牲通常是鸡和羊。在过去，也有用人作牺牲的。17世纪时多哥南方诺塞王就曾杀小孩作祭品，导致大批居民逃亡。但现在这类残酷行为早已绝迹。每逢村庄要搬迁时，首先必须祭祀村中原来的保护神，由年纪最大的老人向神灵陈述诸如土地贫瘠、缺水等搬迁理由。搬迁到新址后，必须祭祀新的村庄保护神，祈求它的护佑。新址的第一间房屋应让年纪最大的人居住。这位老人被视作全村的"牺牲"，据说，如果神灵发怒，灾祸会首先降临到他的头上。他将代替全村居民受祸，因此，这位老人在村里备受尊敬，有些村子往往以他的名字命名。

收获时节的祭祀活动尤为隆重。收获每一茬作物时，都要举行这类活动。例如在南方，一年就有三次：五六月份向神献玉米，九月份献木薯或非洲山药，年底献谷类。据说，作物也有灵魂，如得罪它而离去，就要歉收。农民还往往将第一批收获物埋进土里，献给土地神。收获毕回家后，则将煮熟的收获物装进一个葫芦，祭献祖先和家庭保护神。家主并代表全家感激神灵的保护，历数一年的艰辛。然后，一家人才开始食用新收获物。接着，全村人举行集体祭祀仪式，仪式结束后，往往还要举行盛大的达姆鼓舞会，通宵达旦，甚至延续好几天。

受害的"巫婆"

宗教迷信使社会上一些人成为受人尊敬的祭师、占卜师和修道院主，同时也使一些人受到无端的歧视和迫害。处境最悲惨的是那些被视为"巫婆"的妇女。

据说，巫婆是那些徒有人形的女鬼，她们惯于在私下行法术伤害别人。晚上，其精灵还能附着在猫头鹰、枭等身上去各处作恶。有人久病不愈，往往被认为是有巫作怪，有些祭师、占卜师则有意指人为巫，一个妇女一旦被视为巫婆，处境十分危险。她或被赶出村子，或被卖身远方，也有的甚至被杀害。即使能继续在村里过日子，也会被压得抬不起头来。

1983年6月14日多哥《新征途报》上，就披露了几年前一个被视为"巫婆"的妇女被亲生儿子杀害的悲惨事件。当然，这类触目惊心的惨事目前并不多见；但是，因宗教迷信而使一些人无辜受罚的事，还时有发生。

印度教的丧葬

在印度，一个印度教徒死后，大家出于礼节都要向死者的家属致哀，表示哀悼。死者的家属都要把前来致哀者的姓名一一记下来，以备将来别人家有丧时再去还礼。否则，将被认为是没有礼貌和不够交情的表现。

当知道某人不幸去世，或从某处传来一个人的亲朋去世的噩耗时，按习惯，理发师要去通知附近大街小巷的居民。人们闻讯后纷纷赶到死者家吊唁。吊丧时，一般男人坐在屋外，妇女坐在屋内。男人们来后多半是默默地坐着，有的也会不禁要嚎哭几声。这时，其他人见了则过来劝说："有什么办法呢？这是老天爷的意思。"然后，人们再谈一些与死者有关的事情，例如他死前的病情、死因，以及死者的为人处事等等，大家你一言我一语，谈个不停。最后死者的家属向前来致哀的人们说："你们明天还得上班……"人们听后方才纷纷离去。全天来人络绎不绝，都是如此这般一番。

前来致哀的妇女则是另一种做法。她们来后，进到屋里，围成圆圈，嚎哭不止，有的抓耳挠腮，有的捶胸顿足，甚至有的还会打自己的耳光，抓挠自己的头发。就这样，她们一面折磨自己，一面嘴里还悲伤地喊出"唉、唉"的声音，顿时捶胸顿足声和嚎啕痛哭声交织成一片。女人们个个用力捶打，拼命哭喊。若是有谁不真心用力，那么她会受到在场其他女人的责备，甚至还会挨骂。当然，其中有的是真哭，有的是假哭。因为按习俗，一个人死后，哭的人越多，越说明他的社会威望高，所以有的人为了扩大影响，就出钱买人来哭。

根据风俗，一个人死后，熟人和亲戚朋友必须到场致哀，否则被旁人和亲属看不起，即使工作很忙，或因事外出，到时候也得赶回来表示哀悼，否则，别人会说他是"借口不到"。万一有人因极特殊情况，哪怕在一个人去世后两年才回来，他回来后也得先到死者家里大哭一场。

人死后，从哀悼死者的那天开始，死者的家属要停止做饭，不动烟火，有些地方长达10天之久。家中的孩子由邻居喂几口饭吃，而大人则滴水不沾。尽管如此，但实际上，人们一般都要偷偷进屋弄些饭吃，有的是邻居或亲戚来给做饭，或强迫他们做饭吃。因为这已是约定俗成，大家都得遵守，不这样做，别人会说闲话。

印度教一般实行火葬，但这种火葬与中国的火葬不同。人们把尸体抬到焚场或运到河边，用木柴或牛粪焚烧，在抬往焚尸场或河边的路上，人们嘴里还不停地喊着："罗摩，罗摩是真理。"即罗摩在召唤，死者要回到罗摩那里，升天了。有的地方还有边走边敲鼓的习惯，在送葬过程中，不时地向拥来的观众投掷零钱。一般家庭，用普通木柴浇上煤油焚烧，而一些富有之家，则用带香味的木材浇上酥油焚烧。根据宗教习惯，焚烧时由死者的长子举火点柴，这样，死者才能升天。点火之前，长子和家属从右至左，绕尸体三圈，然后才能动手点燃。点火时，先从头部烧起。家属和亲朋都要在旁守候，不得离开。除死者的妻子外，所有寡妇与无子妇女均不得在场，因为她们属于不祥之物，有的地方甚至禁止所有的女子到场。由于死人的头颅不易烧透，长子要甩查棒将它敲碎。人们认为头颅被敲碎后，灵魂才能升天。若是长子已不在世，可由次子代替，依次类推。万一没有儿子，女儿不能代替，可由侄子或近亲长子代办。在印度教徒看来，儿子的作用非常重要。

骨灰一般都要撒在河里，让河水冲走。在他们看来，这样可以洗掉死者生前的罪过，变得圣洁，可以升天。印度的河流中以恒河最为神圣。它有许多大小支流，灌溉了广大的土地，孕育了 5000 年的印度文明。因此，印度人很感激它，尊敬它，誉之为"圣河"。人们认为，"跳进恒河里洗个澡，就可以洗清自己的罪过。"所以，印度的男女老幼都愿意去恒河里洗澡，尤其早晨和傍晚，在恒河里洗澡的人拥挤不堪，有些人甚至一天要连洗几次。人们死后也愿意在河边焚尸化体，然后再把骨灰撒在河里。正因为这样，不少年迈老人或病危男女，都要在弥留之际，赶到恒河岸边的贝拿勒斯圣城去等死。贝拿勒斯城里有许多印度教寺庙，也有释迦牟尼初转法轮的鹿野苑。因此，对印度教徒、佛教徒和耆那教徒来说，这里是极其神圣的地方。他们认为，一生能来贝拿勒斯一趟，就算是莫大的荣幸了。所以，历史上许多宗教名人都到过这里。此城至今仍较多地保留着古代文明，庙宇林立，目不暇接，几乎每户人家都供奉神像。

人们千里迢迢来到这里，租房居住，等待死亡的降临。每天都有不少人一个接一个地到此寄居。因此，供他们居住的简易旅馆非常拥挤，即使那儿食宿简陋，他们也毫不在乎。恒河水奔腾不息，河岸上人山人海。站在高处，举目眺望，只见焚尸的地方烈火熊熊，烟气腾空。这时，你还可以看见，正在燃烧的火堆旁边，总有尸体在停放着，等待焚烧。

尸体火化以后，家属回家先要洗澡，否则不能接触他人或任何东西。办完丧事，有的还要去庙里敬神，给些施舍，有的还请些穷人吃饭。虽然做法不一，但大家总要做些行善积德的事情来超度亡灵。